DANS LA MÊME COLLECTION

QU'EST-CE QU'UNE ŒUVRE D'ART ?

COMITÉ ÉDITORIAL

Christian BERNER

Stéphane CHAUVIER

Paul CLAVIER

Paul MATHIAS

Roger POUIVET

CHEMINS PHILOSOPHIQUES

Collection dirigée par Roger POUIVET

Roger POUIVET

QU'EST-CE QU'UNE ŒUVRE D'ART ?

Paris
LIBRAIRIE PHILOSOPHIQUE J. VRIN
6, place de la Sorbonne, Vᵉ
2012

À Rachel,
À Hélène,
À ma mère.

Gregory CURRIE, *An Ontology of Art*, p. 66-71
© Londres, Macmillan, 1989

En application du Code de la Propriété Intellectuelle et notamment de ses articles L. 122-4, L. 122-5 et L. 335-2, toute représentation ou reproduction intégrale ou partielle faite sans le consentement de l'auteur ou de ses ayants droit ou ayants cause est illicite. Une telle représentation ou reproduction constituerait un délit de contrefaçon, puni de deux ans d'emprisonnement et de 150 000 euros d'amende.

Ne sont autorisées que les copies ou reproductions strictement réservées à l'usage privé du copiste et non destinées à une utilisation collective, ainsi que les analyses et courtes citations, sous réserve que soient indiqués clairement le nom de l'auteur et la source.

© *Librairie Philosophique J. VRIN*, 2007
Imprimé en France
ISSN 1762-7184
ISBN : 978-2-7116-1899-6

www.vrin.fr

QU'EST-CE QU'UNE ŒUVRE D'ART ?

You came to take us
All things go, all things go
To recreate us
All things grow, all things grow
We had our mindset
All things know, all things know
You had to find it
All things go, all things go
Sufjan Stevens, « Chicago »

DÉFINIR L'ŒUVRE D'ART

L'attente définitionnelle

Une définition est parfois une analyse indiquant quels sont les éléments de la chose définie. Elle peut aussi être une synthèse, décrivant ce qui fait l'unité de plusieurs éléments. Toutefois, ce que nous *attendons* d'une définition s'explique mieux si elle est supposée décrire la chose sous forme d'un concentré : la chose et rien qu'elle, voire sa quintessence, la chose pure. La définition devrait faire surgir la chose elle-même. Plus encore, il faudrait qu'elle manifeste toute l'impor-

tance existentielle, culturelle, affective de la chose, son aura et
sa magie. Pourtant, cela n'arrive jamais, semble-t-il. Une définition de l'amour – « état affectif intense à l'égard d'un être »
ou « volonté d'être aimé », par exemple – n'est-elle pas plus
frustrante que satisfaisante ? Sauf s'il s'agit de définitions de
termes dont nous n'avons pas l'usage courant, aucune définition ne remplit notre attente. Toutes ont finalement un goût
amer. Comme si l'on nous offrait une boîte avec l'image de déli-
cieux fondants au chocolat, mais hélas vide. Cela ne manquera
pas pour la définition de l'œuvre d'art, j'en avertis d'avance
mon lecteur, tout en espérant lui procurer d'autres plaisirs.

Souvent, l'espoir de saisir « la chose même » semble
entretenu par l'obscurité de la définition. D'où certains efforts
pour qu'elle soit de bonne allure, pleine de promesses, mais
délibérément inintelligible. Concernant l'œuvre d'art, en voici
quelques unes :

> « L'œuvre d'art est la réalisation sensible de l'Idée »,
>
> « L'art est un état d'esprit »,
>
> « L'œuvre d'art est l'expression de soi par l'artiste »,
>
> « L'œuvre est la donation de l'invisible dans le visible »,
>
> « L'œuvre d'art rend visible le visible »,
>
> « L'œuvre produit du sens »,
>
> « L'œuvre est l'au-delà du sens »,
>
> « L'œuvre d'art est une rencontre »,
>
> « L'œuvre d'art est ce qui ouvre une dimension inaccessible à
> toute autre expérience »,
>
> « L'art est ce qui s'expose : œuvres, installations, perfor-
> mances, viandes, excréments, cadavres, prostitué(e)s, etc. »,
>
> « L'œuvre d'art est la subversion de toute norme et la
> démystification de toute la réalité sociale ».

Elles sont toutes empruntées à mes studieuses lectures. J'ai
simplement omis les moins convaincantes. Les auteurs sont
des philosophes ou des critiques d'art, parfois bien connus et

réputés. Sans faire le dégoûté, elles ne m'ont jamais satisfait. Ce qui suit est alors un modeste effort pour parvenir à une définition de l'œuvre d'art qui, pour promettre moins, et certainement pas de nous mettre en présence de la chose même, nous en donnerait pourtant plus, mais au terme d'un certain labeur conceptuel. Je n'espère pas faire disparaître la frustration provoquée par toute définition, mais je crains encore plus d'ajouter un surcroît de confusion dans un domaine où elle ne manque pas. Le lecteur jugera.

Force est de reconnaître que ce que l'on entend par « définition » est déjà loin d'être clair. Des définitions, il en existe toute une variété : réelle (définition de la chose même), nominale (définition d'usage), conventionnelle (fixation de la signification d'un terme), ostensive (désignation), descriptive, génétique, récursive, connotative, persuasive, etc.[1]. Savons-nous même exactement ce qui est défini par une définition ? Est-ce une chose (une œuvre d'art), un mot (qui sert à désigner les œuvres d'art), un concept (l'idée que nous nous faisons de ce que sont les œuvres d'art) ? Aucun des trois peut-être, mais la propriété de certaines choses, exprimée par un concept et désignée par l'expression « être une œuvre d'art » ? S'il nous faut avoir résolu toutes ces difficultés avant de commencer à définir, nous risquons d'attendre longtemps. Comme souvent en philosophie, nous plongerons *in medias res,* sans nous être assurés de nos arrières, mais non sans prudence.

Que peut-on vouloir des définitions ?

Que voulons-nous en tentant de définir l'œuvre d'art ? Cherchons-nous vraiment à avoir un concentré ou la quintessence de la chose définie, à avoir la chose même ? Ce serait

1. Voir R. Robinson, *Definition*, Clarendon Press, Oxford, 1954.

confondre les mots et les choses. Une définition ne peut pas être ce qu'elle définit; elle ne peut en avoir les propriétés, les effets, la saveur et l'aura! Mettons-nous alors à la recherche d'une définition de l'œuvre d'art qui satisfasse trois conditions. 1) La *condition d'intelligibilité* demande que la définition soit immédiatement compréhensible, sans le détour d'une théorie de l'art. 2) La *condition de neutralité* signifie que notre définition ne doit pas constituer un jugement de valeur (artistique ou esthétique) préalable sur les œuvres. 3) Que la définition s'applique à la plupart des choses que nous appelons des œuvres d'art, même quand il y a une controverse, est la *condition d'universalité*. Relisons les définitions précédentes. Aucune ne satisfait à la fois ces trois conditions dont nous passons immédiatement à l'examen plus précis.

Condition d'intelligibilité

Dans un passage de la *Métaphysique*[1], Aristote affirme en substance qu'en posant la question « Qu'est-ce que X ? », on a peu de chance de parvenir au terme de la recherche. « C'est parce que nous sommes en présence d'une expression simple », dit-il. La réponse ne pourra pas déterminer en raison de quoi certains éléments composent un certain tout. Mieux vaut « articuler nettement la question avant de commencer la recherche, sinon c'est à la fois chercher quelque chose et ne pas chercher », ajoute le Stagirite. La bonne question serait : « Pourquoi telle matière est-elle telle chose ? », par exemple : « Pourquoi ces matériaux sont une maison ? ». La question « Qu'est-ce que X ? » prend la forme : « Pourquoi ceci est-il un X ? » ou « X est-il un Y ? ». Comme le dit saint Thomas, « demander quelque chose au sujet d'une chose en termes d'elle-même, ce n'est en

1. Aristote, *Métaphysique*, 1041 a 32-b 2.

rien faire une recherche; mais pour se poser vraiment une question au sujet de quelque chose, il faut s'interroger sur autre chose » [1]. La question « Qu'est-ce que X ? » ne demande finalement rien. « Qu'est-ce qu'une œuvre d'art ? » n'a d'intérêt que s'il s'agit de demander : « Pourquoi ceci est-il une œuvre d'art ? » ou « L'œuvre d'art est-elle cela ? ». La recherche de définition d'une chose, si elle a des chances d'aboutir, doit ainsi consister à examiner si X est Y, en faisant des propositions au sujet de Y. C'est ainsi que nous procéderons.

Si quelqu'un dit « X est Y », Y doit être intelligible directement ou indirectement. Dans ce dernier cas, pour comprendre ce qu'est X, il faut connaître autre chose que Y, par exemple une théorie qui l'explique. Qu'est-ce qu'un nucléotide ? Le constituant d'une cellule vivante (noyau et cytoplasme) formé d'un sucre uni à une base purique ou pyrimidique, et associé à l'acide phosphorique (sous forme de phosphate). Cette définition n'est qu'indirectement intelligible, en termes de théories biochimiques. Au sujet de l'œuvre d'art, certaines définitions peuvent n'être qu'indirectement intelligibles. Elles supposent une théorie de l'art. Je vais principalement m'intéresser aux définitions qui sont directement intelligibles, c'est-à-dire qui ne supposent en rien d'adhérer ou même simplement de connaître des théories de l'art. Mon lecteur ne trouverait-il pas le détour trop long si je devais au préalable lui exposer une théorie générale de l'art, le convaincre qu'elle est correcte, avant de lui fournir une définition ?

Condition de neutralité

La deuxième condition à satisfaire est que la définition ne soit pas, dès l'abord, évaluative. Pour cela, Y ne saurait être un

---

1. Thomas d'Aquin, *Commentaire de la* Métaphysique *d'Aristote*, § 1664.

terme évaluatif (« beau », par exemple). Ce ne doit pas non plus être un terme supposant une interprétation évaluative (« subversif », par exemple, qui veut dire que la subversion est une *bonne* chose, si elle définit l'art).

Dans *L'Art de l'âge moderne*[1], Jean-Marie Schaeffer a montré que les théories de l'art développées après Kant par les idéalistes allemands, jusqu'à Heidegger et Adorno, ne distinguent pas vraiment le descriptif et l'évaluatif. Il les regroupe sous l'expression de « Théorie spéculative de l'art ». Elles commencent par sacraliser l'Art en ancrant l'usage du terme dans un champ valorisé et valorisant (le Divin, l'Absolu, la Vérité, la Fiction, l'Être, etc.). Puis, elles ramènent la signification descriptive du terme à une définition évaluative, l'extension se limitant finalement aux seules œuvres qui se révèlent conformes à cette définition. « Alors qu'une définition descriptive des arts devrait *analyser* la dénotation *reçue* du terme en mettant entre parenthèses l'échelle des valeurs propre à l'analyste, la théorie spéculative de l'Art *propose* une nouvelle *convention* terminologique fondée sur une définition évaluative »[2], dit Schaeffer.

Dans une définition évaluative, on renonce à la distinction entre classement et évaluation. Un classement sépare des collections spécifiques d'entités. Par exemple, dans une pièce, on peut distinguer des tables, des chaises, des fauteuils, des lampes, etc., même si le classement de certaines entités pourrait être rendu plus difficile par le caractère vague de la limite entre deux collections (le tabouret est aussi un escabeau), ou si l'entité peut être classée dans deux collections disjointes, ce qui constitue une ambiguïté. En revanche, une

1. J.-M. Schaeffer, *L'Art de l'âge moderne*, Paris, Gallimard, 1992.
2. *Ibid.*, p. 359.

évaluation suppose généralement un classement préalable. Pour être un *meilleur* X, il convient *déjà* d'en être un. Une définition évaluative a ce défaut d'exclure de l'ensemble des œuvres d'art des entités, du seul fait qu'elles ne satisfont pas à une certaine exigence, qui, paradoxalement, supposerait pourtant qu'elles soient des œuvres d'art. C'est dans la catégorie d'œuvre d'art qu'elles doivent être meilleures ou pires. Si les vilains petits canards s'avèrent parfois être des cygnes, c'est que l'évaluation négative était une erreur catégoriale. Les mauvais maris, eux, sont bien des maris, pas d'erreur.

Cependant, le concept d'œuvre d'art n'est-il pas *en soi* évaluatif? Pour quelque chose, être une œuvre d'art, ne serait-ce pas posséder certains mérites artistiques ou esthétiques? Le critère évaluatif dans la définition jouerait deux rôles. Premièrement, il servirait à déterminer ce qui appartient à la collection et, deuxièmement, en termes de degré, à évaluer ses membres. Tous les objets doivent être Y, avoir donc un certain mérite, mais certains sont plus Y que d'autres, leur mérite est plus grand. On dirait alors, avec Adorno, que le concept d'œuvre d'art est par principe évaluatif, comme le concept de « bon » ou le concept de « beau ». « Le concept d'œuvre d'art implique celui de réussite » et « les œuvres non réussies ne sont pas des œuvres d'art »[1], dit-il. Schaeffer remarque lui-même qu'il convient de ne pas simplifier les relations effectives entre description et évaluation. La production d'artefacts et les pratiques de production, particulièrement s'agissant d'œuvres d'art, supposent un entrelacement du descriptif et de l'évaluatif. Il nous engage à tenir compte du fait que nos descriptions constituent elles-mêmes des horizons d'attente, c'est-à-dire se

---

1. Adorno, *Théorie esthétique*, trad. fr. M. Jimenez, Paris, Klincksieck, 1974, p. 196.

transforment en normes; également, que toute description suppose d'adopter une perspective, motivée elle-même par nos attentes[1]. Cependant, Schaeffer n'en préserve pas moins la distinction de l'évaluatif et du descriptif. Il n'est pas prêt à y renoncer. À mon sens, il a raison. Voici au moins quatre raisons de s'y tenir, de penser dès lors que ce que dit Adorno est faux.

1) Il existe des adjectifs qui ont une caractéristique remarquable : accolés à un nom, ils modifient ce qu'ils caractérisent, jusqu'à en changer la nature. Un homme mort n'est pas un homme, un faux passeport n'est pas un passeport, une démocratie populaire n'est pas une démocratie, l'université française n'est pas une université. Les scolastiques les appelaient des adjectifs *aliénants*. Cependant, « ratée », « affreuse », « médiocre », « lamentable », « populaire », « industrielle », appliqués au terme « œuvre d'art », sont-ils aliénants ? On ne voit pas pourquoi une « œuvre d'art médiocre » serait comme « un faux passeport ». Si l'évaluation négative suppose que la chose soit déjà une œuvre d'art, pourquoi l'évaluation positive à son tour transformerait-elle ce qui est caractérisé positivement en œuvre d'art ? Certes, dans nos usages, le terme « œuvre d'art » tend à prendre une connotation normative, voire évaluative. Mais si à ce terme l'on peut accoler un adjectif négatif sans que celui-ci soit, de ce seul fait aliénant, alors le concept d'« œuvre d'art » ne peut être considéré comme évaluatif.

2) Un concept classificatoire a une extension. Il constitue une règle grâce à laquelle on peut dire à quels objets, dans un domaine donné, il s'applique. Il correspond à une espèce ou une sorte d'objets. Parfois, la règle ne permet pas de s'assurer qu'un objet du domaine tombe ou non sous le concept, appartient ou non à la sorte d'objets. Ses frontières sont floues. Cela

---

1. J.-M. Schaeffer, *L'Art de l'âge moderne, op. cit.*, p. 360.

n'implique pas que l'espèce le soit[1]. Un concept évaluatif a aussi une extension, mais elle ne correspond pas à une sorte d'objets. « Bon » ou « beau » peut se dire de différentes sortes de choses. C'est la raison pour laquelle les Scolastiques les appelaient des « transcendantaux »[2]. Frege fait remarquer que certains concepts séparent avec précision les éléments de la pluralité qu'ils subsument et d'autres non[3]. « Rouge », par exemple ne permet pas de dire combien il y a de choses rouges dans une pièce. Nous pourrions diviser de plusieurs manières ce qui tombe sous le concept de rouge, mais pas sous le concept de « lettre du mot Zahl », dit-il. Ce serait la même chose pour « chameau », « bicyclette » et « œuvre d'art ». « Beau » ou n'importe quel concept évaluatif ou de mérite est comme « rouge ». Il ne « compte » pas les choses. Dès lors, comment soutenir que le concept d'œuvre d'art est nécessairement évaluatif ? Il faudrait renoncer, du même coup, à lui faire jouer un rôle « sortal », celui de fixer les frontières d'un ensemble cohérent d'objets.

3) Cependant, qu'un artefact d'une certaine sorte (stylo, table, œuvre d'art) doive satisfaire une *condition de réussite,* cela ne donne-t-il pas du poids à l'idée qu'une définition d'un artefact est nécessairement évaluative ? La condition de réussite est liée au caractère intentionnel des artefacts[4]. Une entité naturelle est ce qu'elle est du seul fait d'exister en tant

---

1. La question se pose cependant de savoir s'il existe un flou *réel* ou un vague *réel* (ontologique), et non seulement dans la connaissance que nous avons (épistémologique).

2. Ils « transcendent » les catégories.

3. Voir Frege, *Les fondements de l'arithmétique*, Paris, Seuil, 1969, § 54.

4. Voir R. Hilpinen, « Artifact », *The Stanford Encyclopedia of Philosophy (Fall 2004 Edition)*, E.N. Zalta (ed.), disponible à l'adresse internet suivante : http://plato.stanford.edu/archives/fall2004/entries/artifact/

que X ou Y (tulipe, chat, homme), au moins si nous laissons de côté l'idée d'une création divine. En revanche, les artefacts seraient ce qu'ils sont si leur auteur est parvenu à faire qu'ils soient comme il en avait l'intention. La condition de réussite semble fortement liée à l'idée d'une intention à l'œuvre dans la production des artefacts. Cette intention de faire quelque chose d'une certaine sorte, et d'y parvenir, semble décisive pour que l'objet soit cette chose-là.

Mais il ne faut pourtant pas surestimer la portée de la notion d'intention et se tromper sur la signification de la notion de réussite[1]. Premièrement, il ne suffit évidemment pas que l'auteur ait voulu faire quelque chose pour qu'il y soit parvenu. Deuxièmement, sous certaines conditions, ce qui n'a pas été pensé comme chose d'une certaine sorte peut le devenir. Les masques africains ne sont-ils pas « devenus » des œuvres d'art[2] ? C'est un sérieux encouragement à se passer du concept d'intention pour définir les œuvres d'art. On admettra que les œuvres d'art entrent dans une relation causale avec des producteurs, au sein d'une situation déterminée de production; on admettra aussi que l'objet produit appartient à une catégorie fonctionnelle[3]. La condition de réussite ne signifie alors pas que l'objet doit correspondre à une intention. En revanche, il

1. Il conviendrait aussi de déterminer comment cette intention se constitue, le lien qu'elle peut entretenir avec des éléments comme un public, une situation de production, les matériaux disponibles, etc. Voir R. Pouivet, *L'Ontologie de l'œuvre d'art*, Nîmes, J. Chambon, 2000, p. 167-173.

2. Voir D. Dutton, « But They Don't Have Our Concept of Art », dans N. Carroll, *Theories of Art Today*, Madison, The University of Wisconsin Press, 2000. Nous sommes cependant tentés de penser qu'ils étaient déjà des œuvres d'art, même si cela n'aurait pas grand sens de dire qu'un sculpteur africain traditionnel avait l'intention de faire une œuvre d'art.

3. Voir J. Modée, *Artifacts and Supraphysical Worlds*, Lund, Lund UP, 2005, chap. 3.

entre nécessairement dans une certaine catégorie de choses[1]. Acceptée dans toute définition d'un artefact, cette condition est strictement classificatoire, elle n'est pas évaluative. Elle ne met nullement en question la condition de neutralité. Qu'une œuvre d'art doive être réussie signifie qu'elle appartient nécessairement à une certaine sorte, mais nullement qu'il s'agisse d'une *bonne* œuvre d'art, que sa valeur, en tant qu'œuvre d'art, ou esthétiquement, soit particulièrement élevée.

4) Je suggèrerai une quatrième raison de satisfaire la condition de neutralité. Qu'une définition évaluative de l'œuvre d'art soit si tentante est lié, me semble-t-il, à une surévaluation de l'art, fort sensible dans les conceptions que s'en font certains, disons, depuis le milieu du XIXe siècle. L'art est supposé nous apporter des bienfaits spirituels inouïs, incommensurables. Toute œuvre d'art aurait ainsi vocation à transcender la réalité terre-à-terre et à nous élever vers les cimes. Mais c'est plus un préjugé moderne qu'une évidence manifeste. À cet égard, je ne vois pas en quoi les bienfaits des arts seraient forcément supérieurs à ceux de la religion, de la science ou de la philosophie. Ils pourraient même leur être inférieurs. Cette surévaluation de l'art tend dès lors à accorder à chaque œuvre d'art une valeur spirituelle élevée, voire absolue. Aucune œuvre d'art ne saurait en être dépourvue, du seul fait que « c'est de l'art ». Ce préjugé de la valeur inestimable de l'art et de chaque œuvre en particulier me semble être l'un des aspects les plus ridicules du modernisme esthétique.

Supposons même qu'on admette la valeur intrinsèque (pour elle-même) de l'art. Cela n'implique pas que les œuvres d'art en soient individuellement pourvues. De la même façon,

---

1. P. Bloom, « Intention, History, and Artifact Concepts », *Cognition* 60, 1996.

si les sciences sont une bonne chose, cela n'implique pas que chaque laboratoire de recherche produise des avancées scientifiques de haute valeur, voire d'une quelconque valeur. J'engage mon lecteur à lire les romans parus lors d'une rentrée littéraire, à aller voir les films qui sortent, même primés à Cannes, à écouter les derniers CD sortis, à passer de galerie en galerie du côté de la rue de Seine à Paris. « *Omnia præclara tam difficilia quam rara sunt* »[1], dit Spinoza. À mon sens, cela vaut particulièrement pour les œuvres d'art. Dans leur écrasante majorité, elles sont triviales[2], vulgaires, stupides, ennuyeuses, glauques, plates et sans intérêt. Bien loin que nous devions les aduler, les artistes devraient souvent nous être redevables de l'attention que nous portons à leurs productions, parfois lamentables. Seul un réflexe romantique, que l'art contemporain n'a fait qu'accentuer, a pu nous faire accepter la prosternation devant toute œuvre d'art, souvent exigée de nous, surtout dans les milieux « cultureux ». On peut en tirer la conclusion qu'une définition de l'œuvre d'art qui ne pourrait rendre compte d'œuvres médiocres ou nulles comme elles le sont presque toutes – ce qui nous fait bien sûr chérir plus encore les exceptions – participe d'un préjugé dont les philosophes ne se sont peut-être pas suffisamment avisés.

Condition d'universalité

Voici la troisième condition à satisfaire par une définition de l'œuvre d'art. Elle doit s'appliquer aussi bien à *La Joconde,* la *Ve Symphonie* de Beethoven, un tableau de Pollock, le

---

1. « Tout ce qui est remarquable [ou beau] est difficile autant que rare ». La formule est, on le sait, à la toute fin de l'*Éthique*.

2. Voir J. Stolnitz, « On the Cognitive Triviality of Art », *British Journal of Aesthetics*, 32, 3, 1992.

nouveau CD des Strokes, *Oliver Twist* (le roman de Dickens et les films qu'il a inspirés), *Roméo et Juliette* de Shakespeare, des machines de Tinguely, des photographies des morsures qu'Acconci s'est infligées, *Titanic* (le film), un roman de Stephen King, des chansons yiddish, un masque dogon, un ballet de Preljocaj, un concours de slam, etc. Nous devons éliminer tout critère définitionnel qui aurait pour conséquence d'exclure, *a priori,* une partie de ce que nos intuitions nous présentent comme des œuvres d'art. Concernant des œuvres modernes et contemporaines, ou des œuvres non occidentales, il a existé et existe encore des controverses. Il me semble pourtant qu'il est méthodologiquement important d'être sans exclusive afin d'éviter que la définition ne témoigne que d'une *préférence* esthétique, et non de ce que sont les œuvres. La définition doit dire ce que sont les œuvres et non ce que nous préférerions qu'elles soient. Une définition peut moins encore dire quelles sont uniquement celles que nous préférons.

On a pu aussi proposer une distinction entre le Grand art (*high art,* disent les anglophones) et l'art de basse extraction ou de bas étage (*low art*). C'est parfois une façon de dire que l'art populaire, de grande diffusion, industriel, n'est pas *vraiment* de l'art. On en revient à une préférence. Mais en quoi une œuvre d'art populaire n'est-elle pas, tout de même, une œuvre d'art ? Cependant, la distinction entre Beaux-arts et arts populaires n'est pas nécessairement évaluative. Au contraire, ne suppose-t-elle pas l'unité classificatoire sous le concept d'œuvre d'art de ce qu'elle distingue selon d'autres critères, proprement évaluatifs ? Pour caractériser certaines œuvres produites avec des moyens techniques et des exigences d'accessibilité matérielle et intellectuelle qui en permettent une diffusion mondialisée, on parle d'« art de masse ». Si les

arts de masse, comme je le crois[1], sont bien une nouveauté au
xxᵉ siècle, résultant de certaines possibilités techniques qui
n'existaient pas avant, il n'en reste pas moins qu'il s'agit là
d'œuvres d'art, redevables en droit d'une définition, s'il en est
une, qui vaut aussi pour toutes les autres œuvres. Au passage,
on remarquera qu'exclure de ce qui peut entrer dans la définition de l'art la majorité des œuvres produites aujourd'hui, car
il s'agirait bien de cela, reviendrait d'une part à se faciliter
outrageusement la tâche et, d'autre part, à limiter ce qu'on peut
attendre d'une telle définition.

FAUT-IL RENONCER À DÉFINIR L'ŒUVRE D'ART[2] ?

L'anti-essentialisme

Nous savons maintenant ce que nous cherchons : une
définition intelligible, neutre et universelle de l'œuvre d'art.
Un célèbre article de Morris Weitz, « Le rôle de la théorie
en esthétique »[3], conteste le bien-fondé d'un tel projet. Sa
discussion critique permettra de montrer qu'il n'existe pas de
bonnes raisons de bouder notre plaisir de rechercher ensemble
cette définition.

Ce que Weitz appelle « la théorie » est le souci de déterminer la nature de l'œuvre d'art en la définissant. Or, dit-il,

1. Voir R. Pouivet, *L'œuvre d'art à l'âge de sa mondialisation*, Bruxelles,
La lettre volée, 2003.

2. Voir R. Pouivet, « La quasi-nature des œuvres d'art », *Sats, Nordic
Journal of Philosophy*, vol. 2, n°2, 2001 ; « Définir l'art : mission impossible ? »,
dans J.-P. Cometti (dir.), *Les définitions de l'art*, Bruxelles, La lettre volée,
2004.

3. M. Weitz, « Le rôle de la théorie en esthétique », trad. fr. D. Lories dans
Philosophie analytique et esthétique, Paris, Klincksieck, 1988.

« l'histoire de l'esthétique, à elle seule, devrait ici nous arrêter » [1]. C'est un champ de ruines : aucune définition de l'art n'a finalement tenu. Personne n'a en effet pu mettre en évidence une propriété (ou un ensemble) de propriétés nécessaires et suffisantes de l'œuvre d'art. Pour Weitz, « la théorie esthétique est une tentative logiquement vaine de définir ce qui ne peut pas l'être, d'énoncer les propriétés nécessaires et suffisantes de ce qui n'en a pas, de concevoir le concept d'art comme clos quand son véritable usage révèle et exige son ouverture » [2]. N'espérons rien de l'avenir, car l'impossibilité est logique, non pas accidentelle ou provisoire. Le concept d'art ne serait tout simplement pas définissable en termes de propriétés nécessaires et suffisantes. Autrement dit, il n'existe pas d'essence de l'œuvre d'art, quelque chose qui, commun à toutes les œuvres d'art, en ferait ce qu'elles sont.

Libérée de la tâche de définir, l'enquête philosophique peut passer de la vaine question « Qu'est-ce que l'art (l'œuvre d'art) ? » à « De quelle sorte est le concept d'art ? ». Ce qui revient à se demander : « Quel est l'usage ou l'emploi du mot art ? ». C'est le tournant linguistique en esthétique. Selon Weitz, dans un texte célèbre de ses *Recherches philosophiques* [3], Wittgenstein aurait montré qu'il n'existe aucune propriété commune à tout ce que nous appelons « jeu », seulement des « plages de similitude » [4]. Comme le mot « jeu », l'expression

1. M. Weitz, art. cit., p. 27.

2. *Ibid.*, p. 31.

3. Wittgenstein, *Recherches Philosophiques*, I, 66 *sq.*

4. M. Weitz, art. cit., p. 32. À mon sens, Wittgenstein ne dit nullement que nous ne pouvons pas définir le mot « jeu » (et il dit clairement que nous pouvons, par exemple, définir le mot « nombre »). Il s'interroge sur la façon dont nous pourrions *expliquer* à quelqu'un ce qu'est un jeu. Dans de nombreux cas, une définition, même si nous pouvions la donner, ne nous serait pas utile pour cette

« œuvre d'art » recouvre des choses qui se ressemblent, mais n'ont pas un ensemble de caractéristiques communes grâce auxquelles on pourrait les définir. Dès lors, « savoir ce qu'est l'art n'est pas saisir une essence manifeste ou latente, mais être capable de reconnaître, de décrire et d'expliquer ces choses que nous appelons "art" en vertu de ces similitudes » [1].

Que valent ces arguments anti-essentialistes de Weiz ? [2].

Définition et identification

Weitz constate que nous ne savons pas toujours si quelque chose est ou non une œuvre d'art. Surtout aujourd'hui, pense-t-il, quand par exemple nous nous rendons dans une exposition ou un musée d'art contemporain, nous avons parfois des difficultés pour identifier ce que nous voyons comme des œuvres d'art [3]. Jamais nous ne les aurions, si nous disposions d'une définition de l'art, pense-t-il [4]. Son présupposé est qu'une définition doit nous permettre d'*identifier* à coup sûr la chose définie. Paradoxalement, l'origine de ce présupposé se trouve chez le plus essentialiste des philosophes, Platon.

En effet, dans plusieurs dialogues de Platon, Socrate semble soutenir deux affirmations :

> 1) L'utilisation correcte d'un terme « T » suppose de savoir ce qu'est d'être T, d'être capable de donner un *critère* de la T-ité de T.

explication. Rien dans ce que je dirai plus loin ne met cela en question, bien au contraire.

1. *Ibid.*

2. Les affirmations de Weitz ont fait l'objet de multiples contestations, dont la plus synthétique se trouve dans le livre de S. Davies, *Definitions of Art*, Ithaca, Cornell UP, 1991, chap. 1.

3. M. Weitz, art. cit., p. 33-34.

4. *Ibid.*, p. 31.

2) On ne peut pas parvenir à la signification de « T » en donnant des exemples de choses qui en sont, et rien ne sert même d'essayer.

De (1) et de (2), on pourrait tirer deux conclusions :

A) Si nous possédons un critère général de ce que « T » signifie, nous n'avons plus besoin d'exemples pour parvenir à la signification de « T ».

B) À défaut de critère général, nous ne pouvons même pas savoir que les exemples de T que nous donnons en sont véritablement, car nous ne savons pas correctement appliquer « T ».

La réputation de Socrate et de Platon semble avoir beaucoup fait en faveur de cet argument. Même un anti-essentialiste comme Weitz l'a implicitement accepté. Il est pourtant fort discutable.

Contre (A), on peut montrer que :

A*) Une définition de X ne suppose ni n'entraîne une capacité d'identifier les choses qui sont X.

« Nous connaissons des tas de choses sans être capables de définir les termes grâce auxquels nous exprimons notre connaissance », dit Peter Geach [1].

Contre (B), on remarquera que :

B*) L'identification d'un X ne suppose ni n'entraîne d'avoir une définition de X.

Un médecin peut connaître la définition du cancer sans reconnaître cette maladie chez un patient ; il peut reconnaître qu'un patient a le cancer sans en avoir une définition en bonne et due forme.

---

1. P. Geach, « Plato's Eutyphro », *Logic Matters*, Oxford, Blackwell, 1972, p. 34.

Posséder une définition de X n'est pas une condition
nécessaire pour identifier un X, et la capacité d'identifier un X
n'est pas une condition suffisante pour en avoir une définition.
Nous pourrions être à même d'identifier les œuvres d'art, sans
être capables de les définir. Nous pourrions avoir une définition (correcte) des œuvres d'art, sans pouvoir les identifier
ou les ré-identifier à coup sûr, surtout sans pouvoir empêcher
les désaccords entre nous au sujet de savoir si telle ou telle
chose est une œuvre d'art ou non. Les *Dialogues* de Platon dits
« aporétiques » n'aboutissent pas, semble-t-il, parce que les
interlocuteurs de Socrate sont incapables de parvenir à définir
l'objet du débat en termes d'essence. Souvent, on présente
l'attitude de Socrate comme authentiquement philosophique,
celle des interlocuteurs, empêtrés dans les exemples, comme
témoignant d'une incapacité philosophique. Socrate suggère à
Hippias, Euthyphron ou Euthydème qu'ils ne savent pas de
quoi ils parlent, incapables qu'ils sont de donner une définition
réelle, seule source légitime de la capacité d'identifier quelque
chose. Mais, puisque (A) et (B) sont au moins discutables, on
peut parler, avec Geach, de « sophisme socratique »[1].

---

1. *Ibid.*, p. 33. Geach dit également : « Je suis sûr que d'inculquer en un
esprit le sophisme socratique est tout à fait comparable à une nuisance morale.
Supposons que Socrate commence une discussion avec un jeune ingénu et dise
qu'il trouve énigmatique ce qu'est la justice. Le jeune homme dit : "C'est
pourtant facile, l'escroquerie est injuste". Socrate lui demande ce qu'est
l'escroquerie. Et aucun exemple n'est admis comme réponse, il faut une
définition formelle. À défaut d'une définition de cette sorte, nous ne savons pas,
n'est-ce pas, ce qu'est une escroquerie ou que c'est injuste. Le dialogue, on peut
le supposer, se clôt par l'aporie habituelle. Le jeune ingénu se dit que l'escroquerie n'est peut-être pas injuste ; il prend le mauvais chemin et finit comme
l'un des trente tyrans. Après tout, c'est bien ainsi qu'un certain nombre des
jeunes recrues de Socrate ont fini » (*ibid.*, p. 35).

Contre (A*), ne pourrait-on pas répliquer qu'une définition qui ne permet pas d'identifier les œuvres d'art ne nous est en rien utile ? Ce serait pourtant confondre la question de la nature des œuvres d'art, une question ontologique (qu'est-ce qu'une œuvre d'art ?), et celle du critère infaillible de leur identification, une question épistémologique (comment *savoir* si ceci est une œuvre d'art ?). Une définition n'est pas une pierre de touche (comme celle qui sert à s'assurer qu'une chose est en or) nous permettant de placer dans les musées, les expositions, les rayons spécialisés des bibliothèques et les concerts tout ce qui doit y être. Finalement, la découverte de la bonne définition, si nous y parvenons, n'aura aucun effet sur notre capacité d'identifier les œuvres d'art et donc sur la critique. Mais il devrait être clair pour tous que philosophie de l'art et critique d'art sont bien deux choses différentes[1]. Rappelons aussi qu'une définition ne nous donne pas la chose définie, ni son concentré ni sa quintessence. Définir l'œuvre d'art est un exercice philosophique, pas une expérience esthétique.

Contre (B*), on peut se demander comment il est possible d'identifier X sans savoir ce qu'est X. À mon sens, c'est tout à fait possible. Identifier X et savoir ce qu'est X sont deux choses aussi différentes que la connaissance non propositionnelle (savoir comment) et la connaissance propositionnelle (savoir que). Savoir ce que c'est qu'être X ne suppose ni n'entraîne de savoir que c'est X. Les « connaisseurs » savent que ceci est tel ou tel champignon, mais ils ne savent pas (nécessairement) le définir. Posséder un concept *C* revient à être capable d'effectuer certaines différences grâce auxquelles, en contexte, les

---

1. Pour ceux qui pensent le contraire (et ils sont hélas nombreux), voir R. Pouivet, « L'Esthétique en France aujourd'hui : un bilan sans perspective », *Pratiques, Réflexions sur l'art*, n°10, 2001.

choses auxquelles *C* s'applique ne sont pas confondues avec d'autres, et cela ne consiste pas à savoir définir *C*.

Ressemblances familiales

Weitz affirme que les œuvres d'art auraient des similitudes partielles. C'est pourquoi l'art serait une grande famille dont les membres se ressemblent. À supposer qu'il ait raison, cette conception, malgré ce que croit Weitz, est compatible avec une définition ainsi formulée :

> X est une œuvre d'art si et seulement si, quelque soit X, a) il existe Y, b) Y est une œuvre d'art, et c) X et Y entretiennent une relation de ressemblance familiale.

Cette définition comprend une condition nécessaire et suffisante (puisqu'elle prend la forme d'un bi-conditionnel). Elle a de sérieux défauts. Le premier : « être une œuvre d'art » se trouve à la fois dans ce qui définit et dans ce qui est défini. Deuxième défaut : Comment peut-elle résoudre le problème posé par la première œuvre d'art ? Car si X doit ressembler à Y, qui est une œuvre d'art, à quoi ressemblera la première ? Troisième défaut : cette définition comprend un concept fort problématique, celui de ressemblance. Soit les trois lettres suivantes :

$$a \quad d \quad A$$

On remarque que *a* et *d* se ressemblent plus que *a* et *A*. En l'occurrence, la ressemblance des marques ne fournit pas de quoi déterminer l'appartenance à un seul caractère, la première lettre de l'alphabet (appartenance indépendante de la différence typographique entre majuscules et minuscules). Que la ressemblance donne une signification au terme « œuvre d'art » semble alors une thèse désespérée[1]. Quatrième défaut : affirmer que X est une œuvre d'art parce qu'elle ressemble à Y, qui est déjà une œuvre d'art, ne donne aucun critère pour dire qu'une chose est une œuvre d'art. En effet, la relation de ressemblance est à la fois universelle (n'importe quoi ressemble à n'importe quoi, dans la mesure où deux choses quelconques ont nécessairement en commun une propriété) et non catégorique (elle ne détermine pas que nous avons affaire à une certaine sorte de choses). Cinquième défaut : la définition que propose Weitz (c'est bien une définition, rappelons-le, contrairement à ce qu'il croit) semble à la fois trop étroite et trop large. Elle conduirait à exclure certaines œuvres d'art. Par exemple, les ready-mades de Duchamp ne ressemblent pas à des œuvres d'art. (Et n'importe quoi ressemble à un *ready-made*, ce qui explique peut-être en partie la surexploitation du filon dans l'art contemporain). En revanche, des photographies de vacances ressemblent à des clichés signés Doisneau ou Cartier-Bresson. Personne ne pense pour autant qu'il s'agit d'œuvres d'art.

Pour que la notion de ressemblance puisse jouer un rôle efficace dans la détermination d'une appartenance catégoriale, il faut indiquer des critères de ressemblance, *i.e.* des propriétés que deux choses, X et Y, doivent posséder ensemble pour se ressembler. Pour X et Y, se ressembler revient à avoir en commun des propriétés (de premier ordre, physiques) nécessaires et suffisantes pour posséder en plus une propriété de deuxième ordre, comme d'être une œuvre d'art. Par exemple,

---

1. Il ne s'agit là que d'une des nombreuses chausse-trappes dans lesquelles la notion de ressemblance nous fait facilement verser. Voir à ce sujet N. Goodman, « Seven Strictures on Similarity », dans *Problems and Projects*, Indianapolis, The Bobbs-Merrill Company, 1972, vraisemblablement l'attaque la plus décisive contre la notion de ressemblance.

une ressemblance familiale, au sens étroit d'une ressemblance entre des membres d'une même famille, suppose un « patrimoine » génétique commun[1]. Seules les personnes d'une même famille génétique peuvent entretenir une ressemblance familiale. Si les œuvres d'art ont une ressemblance de famille, elles ont alors quelque chose en commun et non pas rien. Cependant, la ou les propriétés qu'elles ont en commun ne sont pas nécessairement observables, ni manifestes. De quelle(s) propriété(s) peut-il s'agir ? C'est exactement ce que nous cherchons. Mais Weitz se trompe s'il considère avoir donné des raisons *philosophiques* de renoncer à *toute* définition de l'œuvre d'art.

La définition de l'œuvre d'art contre la création artistique ?

Weitz affirme aussi qu'il existe une incompatibilité entre création, ou plus exactement créativité, et définition de l'œuvre d'art. Un « concept clos » de l'œuvre d'art empêcherait toute nouveauté dans l'univers artistique[2]. Une définition de l'œuvre d'art correspondrait ainsi à une esthétique conformiste et académique.

Mais cela va-t-il de soi ? Les règles du jeu d'échecs disent ce que c'est d'y jouer. « Échecs » est un « concept clos », au sens de Weitz. Pourtant, dans les parties d'échecs, de nouveaux coups peuvent apparaître. Certains historiens de l'art affirment qu'avant l'apparition de la peinture de genre hollandaise, on ne trouvait pas de représentation de situations quotidiennes

---

1. Voir M. Mandelbaum, « Family Resemblances and Generalization Concerning the Arts », dans M. Weitz, *Problems in Aesthetics*, 2e ed., New York, Macmillan, 1970.

2. M. Weitz, art. cit., p. 33-34.

et banales. Le concept de «peinture figurative» est donc
«ouvert», même s'il est défini comme «représentation de la
réalité». La définition du concept n'impliquait rien au sujet de
ce qui est représenté; elle n'empêchait nullement un profond
renouvellement du contenu de la représentation. La photographie ou le cinéma ont été considérés comme des arts sans
que cela ait conduit à redéfinir le concept d'œuvre d'art. Il a
simplement été étendu à de nouvelles choses. L'affirmation
selon laquelle la «clôture» d'un concept aurait comme effet de
limiter (voire de ruiner) la créativité des artistes est absurde. La
«clôture» implique seulement l'existence d'une propriété
commune avec les autres choses placées sous ce concept.
Quelque chose de nouveau peut bien sûr satisfaire une
ancienne définition.

Weitz craint ainsi qu'une définition de l'art n'exclue tout
ou partie de la création contemporaine. Cette dernière semble
parfois faite tout exprès pour titiller notre fibre spéculative :
les *ready-mades* de Duchamp, l'art conceptuel, la musique
concrète, les objets trouvés sont-ils des œuvres d'art, nous
demandent – de façon maintenant quelque peu répétitive –
leurs propres créateurs ? On peut cependant se demander si
Weitz ne verse pas dans ce que j'appellerai «la théorie pour
l'exception». Ce phénomène constitue à mon sens l'une des
plaies méthodologiques de la philosophie moderne et contemporaine. Nous pouvons bâtir des théories et nous accommoder
de certains cas marginaux, difficiles, voire impossibles à
caractériser dans notre conception. Par exemple, nous dirons
1) que les hommes sont capables de connaître, mais que dans
certains cas leur fiabilité cognitive est mise en question : les
illusions des sens, des raisonnements incorrects, la possibilité
– bien problématique qui plus est – d'un dieu trompeur ou d'un
malin génie employant toute son industrie à nous tromper, etc.

Ou bien, nous dirons que 2) étant donnés les illusions d'optique, les raisonnements incorrects, la possibilité d'un dieu trompeur ou d'un malin génie (comme chez Descartes), nous devons élaborer une théorie qui déjoue ces exceptions. Le risque est que (2) nous oblige à élaborer une conception très éloignée du sens commun. Par exemple, la justification de la connaissance passera par un argument m'assurant de ma propre existence comme chose qui pense et une preuve ontologique de l'existence de Dieu, pas moins. Se focalisant sur les cas marginaux, voire pathologiques ou extraordinaires, on bâtit ainsi une théorie pour l'exception. Un problème analogue se retrouve dans la philosophie de l'art. Une conception de l'art qui veut absolument intégrer, voire mettre en son centre, des œuvres dont la finalité première semble avoir été « d'interroger la conception conformiste de l'art », selon la formule consacrée d'un catalogue sur deux d'exposition aujourd'hui, adopte la même attitude méthodologique. Reste à savoir ce qu'elle vaut. L'attitude (1) n'est-elle pas préférable ? Aristote le pensait : on philosophe sur le général et on admet des exceptions. Cela me semble raisonnable. La condition d'universalité[1] n'implique pas l'éradication des exceptions, des cas problématiques, marginaux. De plus, serait-il si choquant que nous n'acceptions pas toute proposition visant à réformer ou à élargir notre concept d'art ? Pourquoi tout artiste aurait-il un droit absolu à exiger ces modifications ? Quand le potentiel artistique semble se réduire à cette protestation contre le concept « clos » d'art, on a de plus un paradoxe : l'ambition artistique semble se résumer à « interroger » (variante : « subvertir », à la mode : « déconstruire », indémodable : « repolitiser ») un concept

---

1. Voir, *supra*, p. 18-20.

« clos », qui doit pourtant être maintenu pour que le « questionnement » (« radical », il va de soi) opère.

L'œuvre d'art et les usages : art et œuvre d'art

Pour Weitz, dans une lignée supposée wittgensteinienne, il importe moins de parvenir à une définition de l'œuvre d'art que d'examiner l'usage fait du terme « œuvre d'art ». Sa signification ne correspondrait pas à une réalité essentielle, indépendante des usages, que le philosophe aurait pour fonction de découvrir[1]. Dans cette perspective, certains proposent de penser l'art comme un ensemble ouvert d'usages et de pratiques, ceux des créateurs, des amateurs, des institutions. C'est une conception dite « pragmatiste » de l'art. Foin des définitions ! Décrivons des pratiques multiples et variées au sein desquelles les œuvres d'art, bien loin d'exister préalablement comme telles, sont constituées par nos discours, usages et pratiques. « Il n'y a pas d'art en dehors des "modes d'emplois" dans lesquels il s'illustre, c'est-à-dire des modalités dans lesquelles il accomplit, tout en les renouvelant, l'imprévisibilité des gestes et des usages qui sont au cœur de ce que nous appelons "expression" », dit Jean-Pierre Cometti[2].

De nouveau, en quoi est-ce si différent d'une définition de l'art ? « Il n'y a pas d'art en dehors… » ne veut-il pas dire : « X est de l'art si et seulement si… » ? Surtout, on peut se demander si cette conception pragmatiste ne repose pas sur une confusion. Le mot « art » a en effet deux sens : l'art comme œuvre d'art, c'est lui qui nous intéresse ici, et l'art comme activité ou pratique. Il est vraisemblable que nous ne puissions définir

1. M. Weitz, art. cit., p. 31-32.
2. J.-P. Cometti, *Art, modes d'emploi*, Bruxelles, La lettre volée, 2000, p. 106.

l'œuvre d'art sans tenir compte de certaines activités ou pratiques grâce auxquelles elle se constitue, ou au sein desquelles elle trouve sa fonction et même sa raison d'être. Mais cela ne permet pas de dire que l'œuvre d'art est *identifiable* à ces activités ou ces pratiques. Le ballon de football ne peut être défini indépendamment du jeu de football, qui est une pratique. Mais on ne définit pas le ballon de football exclusivement par la pratique de ce sport, dans la mesure où il possède des caractéristiques qui, pour y jouer un rôle, en sont néanmoins indépendantes. Rien ne prouve non plus que la relation de dépendance entre l'œuvre d'art et ces pratiques soit à sens unique. Certaines activités pourraient être inintelligibles si certains types d'objets n'existaient pas. Si l'œuvre d'art suppose l'art, comme activité, cette dernière suppose aussi, peut-être, certaines choses, d'une certaine nature. La pratique de conduire une voiture suppose qu'il existe des voitures. Mais « Il n'y a pas de voitures en dehors de la pratique dans laquelle elles s'illustrent » serait une remarque étrange. La thèse selon laquelle la prise en compte des usages et des pratiques aurait pour effet d'enlever tout sens à la notion même d'une définition de l'œuvre d'art me semble discutable, pour le moins.

On peut aussi constater qu'une partie de ce que nous appelons « art » n'implique nullement qu'une œuvre, au sens d'une réalité distincte, s'en détache. Les « performances » ou certains « happenings » ne laissent qu'une trace photographique ou cinématographique. Dans ce cas, effectivement, on peut admettre l'existence d'une pratique sans œuvre. Mais cela ne signifie pas que les œuvres, s'il y en a, sont des pratiques. Simplement, qu'il peut y avoir de l'art, au sens d'une pratique, sans œuvres. De plus, une alouette ne faisant pas le printemps, il est peut-être excessif de penser que ce type d'activité artistique, malgré tout marginal, consistant à agir, faire, produire un effet, plutôt qu'une œuvre, doive nécessairement nous conduire à réformer complètement notre conception de ce qu'est l'art [1], ou à renoncer à définir l'œuvre d'art. De nouveau, ne versons pas dans la « théorie pour l'exception ».

DÉFINITIONS VARIÉES

Propriétés extrinsèques et relationnelles

Une certaine négligence dans la distinction entre propriété intrinsèque et propriété relationnelle ne serait-elle pas à l'origine de l'affirmation d'une impossibilité – parfois présentée comme *simplement évidente* – de définir l'œuvre d'art? Un bref détour métaphysique sera utile, me semble-t-il, pour ne pas prendre pour une libération (l'œuvre d'art ne peut pas être enrégimentée dans une définition, le concept d'œuvre d'art est « ouvert », il ne fait que refléter des usages et des pratiques) ce qui constitue en réalité une neutralisation, à mon sens abusive, de son statut ontologique.

Une chose possède une propriété intrinsèque indépendamment de tout ce qui a lieu en dehors d'elle : « être triangulaire » ou « avoir une certaine masse », par exemple [2]. Une propriété intrinsèque n'est pas nécessairement une propriété essentielle, puisqu'une chose peut la perdre sans cesser d'être ce qu'elle est. Paul, soixante ans, n'a plus la forme qu'il avait à dix, bien sûr. Si la forme est une propriété intrinsèque, toute propriété intrinsèque n'est donc pas essentielle. Certaines propriétés intrinsèques sont relationnelles : « être identique à soi-même », « être identique à Christophe ». Mais généralement, elles ne le

1. Voir le texte commenté de G. Currie dans la deuxième partie de ce livre.
2. Voir F. Ferro, « Pour introduire à l'extrinsèque », *Revue de Métaphysique et de Morale*, 4, 2002.

sont pas. « Être l'oncle de Tomek », « habiter à 350 kms de Paris », « avoir rencontré le Pape », sont des propriétés extrinsèques. La propriété *F* est extrinsèque si elle suppose une relation à une ou d'autres choses (contingentes) [1].

L'anti-essentialiste nous dit : « Vous ne trouverez aucune propriété commune à toutes les œuvres d'art, que des ressemblances de famille ! Toute définition de l'œuvre d'art est donc vaine ! ». S'il s'agit d'une définition faisant appel à une ou des propriétés intrinsèques, il a peut-être raison. Mais cette impossibilité de définir *intrinsèquement* l'œuvre d'art n'est pas liée aux raisons qu'il donne (ressemblances familiales, ouverture du concept d'œuvre d'art, etc.). Elle tient à la nature même des propriétés possédées par les œuvres d'art : ce sont des propriétés extrinsèques et relationnelles d'une chose qui dépend ontologiquement (pour exister, donc) d'une autre. Dès lors, rechercher une propriété ou un ensemble de propriétés intrinsèques à toutes les œuvres d'art est effectivement peine perdue. En revanche, on peut examiner comment un artefact, comme une œuvre d'art, dépend d'autres entités.

En cela, les œuvres d'art ne se distinguent pas d'autres artefacts. La distinction aristotélicienne entre les « étants par nature » et les « étants par d'autres causes » signifie que certaines choses sont ce qu'elles sont en vertu d'un principe interne, alors que d'autres sont des produits. Ces dernières le sont en vertu d'un usage ou d'une fonction [2]. En tant qu'artefacts, les œuvres d'art possèdent leur principe dans autre chose

---

1. Remarquons cependant que des propriétés extrinsèques peuvent entrer dans une relation dite « unaire », comme dans le cas de « être veuve ». Et s'il existe des relations internes (constitutives de ce qu'est la chose qui entre dans la relation), l'extrinsécalité n'est pas réductible à une relation entre deux termes (et deux choses) complètement disjoint(e)s.

2. Aristote, *Physique*, II, 192 b 8.

qu'elles-mêmes : un producteur ou plusieurs (cause efficiente), ayant l'intention de réaliser quelque chose (cause formelle), avec certains matériaux (cause matérielle), en vue de quelque chose (cause finale). Les étants par nature ont également ces quatre causes, mais internes, soit à l'espèce (cause efficiente et cause finale), soit à eux-mêmes (cause formelle et cause matérielle). Comme le disait Étienne Gilson, « la cause de l'œuvre d'art lui est extérieure ; elle n'a pas en elle-même le principe interne de sa croissance et de ses opinions ; elle n'est pas une nature ; elle ne vit pas » [1]. Si c'est ce que l'anti-essentialiste et le défenseur d'une conception pragmatiste de l'art croient avoir découvert, quand ils nous disent de renoncer à définir l'œuvre d'art et de nous tourner vers les usages et les pratiques, il n'y a pas de quoi fouetter un métaphysicien, surtout pas aristotélicien... Il est d'accord !

Les concepts d'espèces naturelles correspondent à une classe naturelle de choses. Les œuvres d'art ne forment pas une espèce naturelle, dont l'existence ne dépend pas de la façon dont nous, être humains, formons nos concepts. Une espèce artificielle, en revanche, dépend, si ce n'est d'une convention, à tout le moins de certaines pratiques humaines. On peut être tenté d'ajouter qu'elle ne correspond en rien à la structure réelle du monde. Certains diront que l'idée d'une indépendance de cette structure à l'égard de nos schèmes conceptuels est une illusion. Cependant, même si mon lecteur adopte cette perspective, ce que je regretterais pour lui, il peut malgré tout accepter mon argument. L'existence des œuvres d'art dépend indéniablement de certaines pratiques sociales. Mais cela ne signifie pas que les œuvres d'art n'ont aucun statut ontologique en termes duquel elles peuvent être définies. L'ontologie des

1. Ét. Gilson, *Peinture et réalité*, Paris, Vrin, 1972, p. 141.

espèces artificielles ou artefactuelles n'est pas moins de l'ontologie que celle des espèces naturelles (si, bien sûr, elles existent, et ici cela n'importe pas).

Certes, les œuvres d'art n'ont pas une nature, si l'on tient à n'utiliser ce terme que pour des « étants par nature ». Mais ne pourrait-on pas parler à leur propos, comme pour les espèces artefactuelles en général, d'une *quasi-nature* ? Leur manière d'être n'est pas un principe interne. C'est un principe externe. N'est-ce pas ce qui fait leur continuité ontologique ? On peut bien boucher une fenêtre avec un tableau de Rembrandt. Mais cela signifie-t-il que le *tableau* n'est plus alors une œuvre d'art ? On peut caler un armoire avec *Ulysse*. Mais cela signifie-t-il que le roman de Joyce n'est plus alors un *roman* ? L'instabilité ontologique des artefacts est-elle si grande qu'il n'y ait pas pour chacun d'eux une fonction qui constitue sa quasi-nature ?

L'alternative n'est donc pas entre une essence composée de propriétés intrinsèques, un carcan métaphysique à déconstruire inlassablement pour garantir la créativité, et un concept ouvert ne correspondant à rien d'autre qu'un air de famille entre des entités qui n'ont aucune propriété commune. Que rien ne soit une œuvre d'art indépendamment de toute autre chose, cela ne fait pas que rien, jamais, ne l'est réellement, ou que ce soit une illusion de croire que certaines choses le sont réellement.

Premièrement, il faut déterminer si la relation constitutive des œuvres d'art est externe (entre deux entités distinctes…) ou interne (qui entretiennent cependant une relation conceptuelle). A est dans une relation interne *R* à B, si *R* est une propriété essentielle de A. Sinon, la relation est externe. Des propriétés essentielles d'une chose comprennent certaines de ses relations à autre chose. Ma main est définie par sa relation

interne à mon corps. J'entretiens vraisemblablement une relation interne à mes parents, car si j'en avais eu d'autres, je ne
serais pas qui je suis. La relation constitutive des œuvres d'art
est interne. La relation de l'art à l'humain est interne. Dans un
monde sans créature humaine, comment y aurait-il eu des
œuvres d'art ? Il ne s'agit pas seulement de savoir *qui* les aurait
faites, mais de remarquer que le concept d'œuvre d'art ne
s'applique plus dans un monde non humain.

Deuxièmement, il convient d'identifier ce dont dépend
toute œuvre d'art pour en être une. Quel est l'autre terme dans
la relation qui fait de l'œuvre ce qu'elle est ? Voyons
maintenant cela.

Définitions par la représentation, la forme ou l'expression

Un premier ensemble de définitions propose que ce second
terme soit un élément unique, 1) la représentation (*mimesis*),
2) la forme ou 3) l'expression des émotions.

1) On attribue souvent la théorie de l'œuvre d'art comme
représentation à Platon. L'œuvre d'art est une représentation
imitant une réalité. Toutefois, il ne s'agit que d'une condition
nécessaire mais non suffisante, puisqu'une image dans un
miroir imite aussi la réalité. Pour qu'on ait une œuvre d'art, il
faut donc que le producteur ait *l'intention* de représenter *d'une
certaine façon*. Platon dirige des critiques acerbes contre un tel
mode artistique de représentation qui se détourne de la vérité,
voire la travestit ou la repousse, au profit de la sensation et de
l'émotion.

La définition par la représentation ou l'imitation a
mauvaise presse. Hegel disait que, « d'une façon générale, il
faut dire que l'art, quand il se borne à imiter, ne peut rivaliser

avec la nature, et qu'il est comme un ver s'efforçant de
ressembler à un éléphant»[1]. Hegel parle ici comme si une
représentation était d'autant meilleure qu'elle ne peut être
distinguée de ce qu'elle représente. Comme l'original reste
cependant toujours préférable à son double représentatif, le
projet représentationnel est par principe décevant. Ne serait-ce
pas confondre les deux relations de représentation et de
ressemblance? Pour représenter Y, X n'a nullement à lui
ressembler. Une carte ne ressemble pas à la portion de
territoire qu'elle représente. Le problème est que, si l'art
représente et imite, il ne peut être la chose même qu'il
représente. Mais qui a jamais prétendu le contraire?
Cependant, il existe une autre raison, plus sérieuse, de penser
que la notion de représentation ne peut conduire à une
définition intelligible de l'œuvre d'art. Elle est, tout comme
celle de ressemblance, fort peu déterminée et même
passablement confuse[2]. Définir l'art par la représentation est à
peine plus éclairant que de la définir par la visibilité de
l'invisible (ou le contraire), par exemple. Outre le caractère
indéterminé de la notion de représentation, il s'ajoute une
deuxième raison pour éviter la notion de représentation dans
une définition de l'œuvre d'art : la définition représenta-
tionnelle s'applique mal à de nombreuses choses que nous
tenons pour des œuvres d'art, de la musique instrumentale à la
peinture non figurative. Dire qu'«une œuvre d'art est une représentation de la réalité» est à la fois trop indéterminé et trop
étroit. Cela constituerait dès lors une bien piètre définition.

---

1. Hegel, *Esthétique*, Paris, Flammarion, 1979, vol.1, p.37 (ma
traduction).

2. La notion de ressemblance, critiquée par Goodman, a fait l'objet d'une
réévaluation positive. Sur cette question, voir J. Morizot, *Qu'est-ce qu'une
image?*, Paris, Vrin, 2005, p. 56-64.

2) À l'opposé de la définition par la représentation, et peut-être comme une réaction contre elle, l'œuvre d'art est parfois conçue comme forme, voire comme « forme pure ». Bien loin de représenter quoi que ce soit, l'art devient un monde autonome, exempt de toute compromission avec le monde empirique, politique, social, banal, quotidien. Le tableau, le poème, l'œuvre musicale, voire le roman, le film, la danse ne valent que par leurs caractéristiques formelles. Ce que partagent à coup sûr la définition de l'art par la forme et celle de l'art par la représentation est le recours à un *definiens* délicieusement obscur. Leur discussion n'en est pas facilitée, tant on sait à peine de quoi l'on parle quand on les examine. Moins une définition est claire, plus il est malaisé de montrer ses défauts. Cependant, lorsqu'il s'agit de définir l'art par la forme, certains sont manifestes. Si la notion de représentation est trop étroite pour caractériser les œuvres d'art, celle de forme attrape tout ou presque. Pourtant, n'y aurait-il pas une spécificité des formes *esthétiques*? Dès lors, ne pourrait-on pas définir l'œuvre par cette spécificité?

La *forme sans finalité* serait caractéristique de l'art, suggère un kantien. Pourtant, Kant n'en parle pas à propos de l'art, mais du beau[1]. Peut-on étendre sans absurdité son usage à des objets dont la production est manifestement intentionnelle? Et s'il y a intention, comment pourrait-on éliminer le contexte historique et esthétique, et ne tenir compte que de la forme? Le formaliste en esthétique dit que l'œuvre d'art exhibe sa forme pour elle-même, et non en vue d'autre chose. Mais alors seules les œuvres n'ayant d'autres finalités que d'être l'exhibition de leur propre forme satisfont une telle

1. Il s'agit du « Troisième moment » de l'« Analytique du beau » dans la Première partie de la *Critique de la faculté de juger*.

définition de l'art. Il faut à mon sens un certain aveuglement pour soutenir qu'une telle définition par la forme vaudrait pour plus qu'une toute petite minorité d'œuvres d'art. De plus, ne pas avoir de finalité, n'est-ce pas avoir pour finalité de n'en pas avoir ? La chose n'est pas bien claire…

3) On a pu proposer de définir l'œuvre d'art par l'expression des émotions, des pensées ou des désirs. Alors que les œuvres narratives ou figuratives semblent illustrer une conception de l'art comme représentation, les œuvres de musique instrumentale, la peinture non figurative, la poésie, conviennent semble-t-il fort bien à cette conception expressive. Collingwood, dans ses *Principles of Art*[1], a ainsi défendu la thèse selon laquelle l'œuvre existe d'abord dans l'esprit de l'artiste avant d'être communiquée dans les esprits des esthètes par l'intermédiaire d'un médium. Cette définition est cependant trop étroite. Est-il légitime d'affirmer que l'émotion exprimée par une œuvre d'art est celle de l'artiste quand il créait l'œuvre ? Premièrement, qu'une œuvre d'art puisse posséder des propriétés expressives (tristesse, sérénité ou angoisse), exprimer des pensées ou des désirs, on l'admet volontiers. Qu'elle le *doive,* contestons-le, sans hésitation. La musique de table ou des œuvres de la musique spectrale, des peintures géométriques, des romans policiers, des installations, des poèmes lettristes ne le font nullement. Deuxièmement, qu'elle *communique* les émotions, les pensées, les désirs de l'artiste réel est une thèse dont on trouverait également un trop grand nombre de contre-exemples. Comme le dit Goodman, « le visage avenant de l'hypocrite exprime la

1. R.G. Collingwood, *The Principles of Art*, Oxford, Oxford UP, 1938.

sollicitude; et des rochers peints par un artiste flegmatique peuvent exprimer l'agitation »[1].

Les philosophes qui font appel à la représentation, à la forme ou à l'expression, pour définir les œuvres d'art, ne se sont pas astreints aux trois réquisits d'intelligibilité, de neutralité et d'universalité. Ils cherchaient à établir des « théories philosophiques de l'art » dans lesquelles l'identification de ce qu'ils jugeaient être la *valeur fondamentale de l'art* (respectivement : représenter, produire des formes inédites, exprimer un monde intérieur) devait servir de norme à son évaluation. Leurs définitions étaient peu intelligibles, pas neutres dans plusieurs cas, et non universelles dans tous. Quittons alors sans regrets ces tentatives pour définir l'œuvre d'art par un élément unique.

Définition par l'expérience esthétique

Nous savons déjà que l'œuvre d'art est constitutivement relationnelle. Dans cette relation, on peut mettre l'accent sur la chose à définir ou sur l'autre terme, l'être humain. Tel est le principe d'une définition de l'art par une certaine expérience, caractéristiquement esthétique, dont les êtres humains sont, dit-on, capables. « Une œuvre d'art est un arrangement de conditions susceptibles de donner lieu à une expérience comportant un caractère esthétique marqué – c'est-à-dire un objet (approximativement parlant) dans la fabrication duquel l'intention à même de répondre à un intérêt esthétique joue un rôle causal significatif »[2], affirme Monroe Beardsley.

1. N. Goodman, *Langages de l'art*, trad. fr. J. Morizot, Nîmes, J. Chambon, 1990, p. 116.
2. M. Beardsley, « Quelques problèmes anciens dans de nouvelles perspectives », trad. fr. J.-P. Cometti et M. Caveribère, dans *Esthétique contemporaine*, Paris, Vrin, 2005, p. 37.

Cette définition a sur les précédentes un indéniable avantage. Comme elle n'élit pas une caractéristique de l'objet (représenter, avoir une forme significative, exprimer) comme propriété nécessaire de l'œuvre d'art, elle a aisément les apparences de l'universalité. Serait une œuvre d'art tout ce qui éveille une certaine expérience. Elle semble aussi parfaitement neutre puisque rien n'est dit de ce qui doit l'éveiller. À nous humains, il importe beaucoup de faire certaines expériences, amoureuses, religieuses, intellectuelles, mais aussi, esthétiques. Il est alors tentant d'adopter une définition de l'art dans laquelle l'expérience esthétique joue un rôle crucial. Sans nul doute, nos vies seraient appauvries par une carence esthétique. C'est pourquoi nous lisons des romans, allons au cinéma, voir des spectacles de danse, écoutons de la musique (chez nous, en voiture, dans les grands magasins, etc.). Nous encourageons nos enfants et nos amis, tous ceux auxquels nous voulons du bien, à faire de même.

Comparée aux précédentes, cette définition nous fait passer de l'obscur – la représentation, la forme, l'expression – au pas vraiment clair – l'expérience esthétique. En philosophie, cela suffit souvent à faire notre bonheur, au moins quand un vice intellectuel ne fait pas préférer encore plus le mouvement inverse. Pourtant, la notion d'expérience esthétique est des plus troubles, depuis qu'au XVIIIe siècle certains philosophes ont cru bon de lui donner une place primordiale dans leur réflexion sur le beau et l'art. Sans un accord sur son contenu, elle n'est pas praticable.

En quoi consiste cette expérience esthétique suscitée par l'œuvre d'art ? Elle serait désintéressée, disent certains philosophes. Une autre façon de dire en gros la même chose, c'est d'affirmer qu'elle possèderait une valeur intrinsèque (pour elle-même) et donc non instrumentale (en vue d'autre chose, comme l'expérience du vol aérien à fin de déplacement). Il faut pourtant un rare degré d'aveuglement philosophique pour ne pas s'apercevoir qu'une écrasante majorité d'œuvres d'art n'a manifestement pas été conçue pour nous procurer une expérience de ce type, si jamais elle existe. Aussi bien, nous apprécions les œuvres pour ce qu'elles nous apprennent, pour le rôle qu'elles jouent dans notre vie religieuse, sentimentale, l'excitation ou le calme qu'elles nous procurent, etc. Leur valeur est instrumentale.

Les philosophes du désintéressement sont alors prêts à dire que nous avons tort de les apprécier de cette façon. Nous ne le devrions pas. En philosophie, il ne conviendrait pas tant de décrire empiriquement ce que nous prenons pour une expérience esthétique, que d'analyser sa nature authentique, désintéressée et pure, précise un kantien. Est-ce cependant aux philosophes à fixer ce que doit être l'expérience esthétique ? Supposons-le, la question resterait encore entière de savoir en quoi consiste son prétendu désintéressement ou sa valeur intrinsèque. Le stratagème philosophique consistant à dire qu'une expérience esthétique authentique, même si ce n'est que rarement ou même jamais le cas, devrait cependant être désintéressée et posséder une valeur intrinsèque, supposerait au moins que les notions de désintéressement et de valeur intrinsèque ne soient pas aussi obscures.

L'une des principales difficultés de ces deux notions de désintéressement et de valeur intrinsèque tient à ce qu'elles impliquent quelque chose de contradictoire dans l'expérience esthétique. D'une part, pour être désintéressée et avoir une valeur intrinsèque, l'expérience esthétique doit être, en quelque sorte, inconsciente d'elle-même, et même survenir spontanément, sans avoir fait l'objet de la moindre recherche. D'autre part, quand nous allons voir une exposition, quand nous écoutons de la musique, quand nous lisons un roman, quand nous nous rendons à un spectacle de danse, nous sommes intéressés et nous le faisons en vue de quelque chose. La notion de valeur intrinsèque de l'expérience esthétique est contradictoire. On ne peut pas croire qu'on soit désintéressé à son propre insu, surtout s'agissant des œuvres d'art. Si cette expérience désintéressée est recherchée pour elle-même, pour sa valeur intrinsèque, elle n'est plus aussi désintéressée que cela, et sa valeur est instrumentale.

On se doute qu'une notion dont la bonne réputation n'est plus à faire, comme celle d'expérience esthétique, a pour certains des attraits auxquels les remarques précédentes ne rendent vraiment pas justice. Cependant, je reste convaincu que la thèse selon laquelle l'œuvre d'art est un artefact qui, sous certaines conditions (attitude appropriée, désintéressement, libération à l'égard de toute exploitation capitaliste, etc.) procure une expérience esthétique, n'est pas aussi satisfaisante qu'on a pu le suggérer.

On pourrait certes proposer une théorie esthétique de l'art se limitant à affirmer que l'œuvre d'art suscite une expérience portant sur les formes et les qualités expressives d'un artefact. On laisserait de côté les notions de désintéressement et de valeur intrinsèque. Mais cette définition, tout en évitant des notions qui fâchent, serait en revanche trop étroite. Comme le dit Noël Carroll, « il y a différentes sortes de réponses appropriées aux œuvres d'art, et l'expérience esthétique en est une parmi d'autres » [1]. Parfois, si ce n'est la plupart du temps, prier ou remercier Dieu, rire ou être dégoûté, être enthousiasmé ou rebuté, voire, tout simplement, passer un excellent moment

---

1. N. Carroll, « Quatre concepts de l'expérience esthétique », trad. fr. J.-P. Cometti, dans *Esthétique contemporaine*, *op. cit.*, p. 140.

avec des amis ou éviter l'ennui pendant un voyage, sont les réactions artistiquement appropriées à une œuvre d'art. Les formalistes et les puristes prétendent le contraire. Leur donner raison reviendrait, premièrement, à priver la majeure partie de l'humanité de toute réaction appropriée aux œuvres d'art ou à lui en attribuer une d'office, et coûte que coûte ; deuxièmement, à nous en priver ou à nous mentir à nous-mêmes, en prétendant faire une expérience d'un type spécifique, voire extraordinaire. Si expérience proprement esthétique il y a, elle ne constitue pas un univers existentiel totalement séparé, en termes duquel l'œuvre d'art devrait être définie. Nous lisons, allons au cinéma, allons à des spectacles, regardons la télévision, écoutons la radio, dans la continuité de notre vie quotidienne, sans rupture complète avec elle, contrairement à ce que disent puristes et formalistes.

Définition procédurale et institutionnelle

Pour caractériser les termes de la relation constitutive de l'œuvre d'art, on a cherché jusqu'ici du côté de certaines caractéristiques de l'objet (représentation, forme, expressivité), puis du côté du sujet (expérience esthétique). Sans résultat prometteur, il me semble. Ne serait-ce pas que, pour caractériser la relation, il faut se tourner vers *la procédure* par laquelle quelque chose devient une œuvre d'art ?

Selon George Dickie, c'est le statut d'une chose dans un contexte institutionnel qui en fait une œuvre d'art. On lui a parfois attribué la thèse qu'il existerait des institutions ou des personnes *décidant* de ce qui est de l'art et de ce qui ne l'est pas ou, au moins, décidant du statut de quelque chose comme candidat à l'appréciation esthétique. Cela supposerait que le concept d'« œuvre d'art » soit stipulatoire. La situation serait la même que celle consistant à fixer la définition en logique du terme « implication matérielle », en astronomie du terme « planète », en droit du terme « délit ». Or, notre concept d'œuvre d'art est celui de l'usage commun, non pas celui d'une discipline dans laquelle le vocabulaire est fixé par une décision entre pairs. Une institution qui déciderait ce qui est œuvre d'art, ou de ce qui est candidat à l'appréciation, prétendrait, tel Humpty-Dumpty dans *Au-delà du miroir,* se rendre maîtresse de la signification des mots, en décidant au besoin de les employer différemment de tout le monde. Cela supposerait aussi que *la seule raison* (condition nécessaire et suffisante) pour laquelle quelque chose est une œuvre d'art, c'est que certains possèdent l'autorité pour en décider. La décision ferait l'œuvre. Or, si jamais cela peut constituer une condition nécessaire, elle n'est certainement pas suffisante. Une œuvre d'art possède certaines caractéristiques fonctionnelles qu'aucune autorité, pas même un artiste, ne peut accorder, par un simple *fiat,* à quoi que ce soit. Comment l'autorité jouerait-elle alors le premier rôle en ontologie de l'art ?

Dickie affirme que « la théorie institutionnelle [de l'art] met l'accent sur la culture humaine et son histoire »[1]. Il existe donc des raisons autres qu'une décision pour lesquelles quelque chose est une œuvre d'art, mais elles changent en fonction du contexte. C'est aussi une thèse qu'on trouve chez Arthur Danto[2]. Soit *Fontaine* de Duchamp et un urinoir exactement similaire, *Boîte Brillo* de Warhol et une boîte de savons Brillo, *Le cavalier polonais* et un tableau qui accidentellement ressemblerait trait pour trait à celui de Rembrandt. Dans chaque paire,

---

1. G. Dickie, « The Institutional Theory of Art », dans N. Carroll, *Theories of Art Today, op. cit.*, p. 101.

2. A. Danto, *La transfiguration du banal : Une philosophie de l'art,* trad. fr. C. Hary-Schaeffer, Paris, Seuil, 1981.

on trouve une œuvre d'art et quelque chose d'autre qui ne l'est pas. Danto en conclut qu'il existe un *contexte* non manifeste dans lequel les premiers objets de chaque paire sont des œuvres d'art. Dickie et Danto partagent cette notion de contexte, même s'ils ne la comprennent pas de la même façon.

Dans la théorie institutionnelle de l'art proposée par Dickie (du moins sa dernière version), le statut d'œuvre d'art n'est nullement conféré par une autorité, mais il résulte de la situation de l'œuvre dans un système de relations comprenant :

> – un artiste, une personne participant en le comprenant à l'élaboration d'une œuvre ;
> – une œuvre d'art, un artefact d'une certaine sorte créée pour être présentée à un public du monde de l'art ;
> – un public, un ensemble de personnes préparées jusqu'à un certain point pour comprendre ce qu'on leur présente ;
> – le monde de l'art, comme totalité de tous les systèmes du monde de l'art ;
> – un système du monde de l'art, comme structure pour la présentation d'une œuvre d'art par un artiste à un public du monde de l'art.

Faire pénétrer un ballon dans une cage rectangulaire d'une certaine dimension n'est un « but » que dans le cadre de l'institution du jeu de football. De même, l'existence de tous les éléments compris dans la théorie institutionnelle de l'art (artistes, public, monde de l'art, etc.) concourre à la compréhension de l'acquisition par un objet ou un événement de son statut d'œuvre d'art.

Cependant, de sérieuses difficultés persistent. 1) La circularité d'une définition dans laquelle l'œuvre d'art est faite par des artistes pour une présentation à un monde de l'art est manifeste. Comment définir les artistes et les publics du monde de l'art sans référence aux œuvres d'art ? 2) Une définition institutionnelle de l'art est universelle. Cependant, ce qu'on entend par « monde de l'art » va être si variable selon les époques et les endroits qu'on peut se demander si ce concept n'est pas vide. 3) Par « institution », il semble qu'il faille entendre tout en ensemble de pratiques. La définition institutionnelle affirme finalement que les œuvres d'art ne sont pas simplement placées, possédant déjà leur statut ontologique, au cœur d'une pratique qui leur serait extérieure. Cette pratique les constitue, nous dit-on. Il faut insister donc sur le caractère interne de la relation constitutive des œuvres d'art. Mais une définition institutionnelle ne permet pas de comprendre *pourquoi* tel objet ou tel événement est constitué dans une pratique. La définition institutionnelle n'est dès lors pas vraiment éclairante.

Mais le tort principal de la définition institutionnelle est, à mon sens, de tenir l'œuvre d'art pour, en quelque sorte, amorphe. Elle est rendue artistique dans et par la pratique, toutefois elle ne fait rien. On a pourtant du mal à penser qu'elle ne joue pas son rôle, grâce à ses spécificités, fonctionnalités, caractéristiques propres. En un sens, c'est même la pratique qui en dépend et non l'inverse. N'est-ce pas ce qui advient quand une œuvre modifie son contexte, autant que celui-ci la constitue ? Dans un schéma strictement procédural, l'objet ou l'événement constitué par la pratique n'a que bien peu de consistance ontologique propre ; il est modelé par des pratiques. Finalement, quelle serait alors la raison pour laquelle *cet* objet ou *cet* événement serait constitué comme œuvre d'art dans une pratique ? N'importe quel autre, différent et aussi dépourvu de toute caractéristique fonctionnelle comparable, devrait-il pouvoir lui être substitué ? On a du mal à le croire. Comment serait-il possible que le statut d'œuvre d'art n'ait rien à voir avec des caractéristiques de l'objet ou de l'événement, même s'ils ne sont des œuvres d'art ou des processus artistiques qu'au sein de pratiques et à l'issue d'un processus?

Définition historique et intentionnelle

La définition institutionnelle de l'art présente l'intérêt de donner toute son importance au contexte, mais lui accorde-t-elle vraiment le rôle qui convient? Le contextualisme esthétique pense l'œuvre d'art comme un artefact d'une espèce déterminée, produit à un moment donné, dans des circonstances particulières. Il encourage une analogie entre énonciation et œuvre d'art. L'énonciation suppose le contexte d'une langue particulière; sa signification est sensible à l'état de la langue à un moment donné ainsi qu'au contexte. «Belle marquise, vos beaux yeux me font mourir d'amour» est une énonciation en français, une façon de s'exprimer historiquement déterminée. Dit à une marquise au XVIIIe siècle et dit à la voisine qui va promener son chien, elle n'a pas la même signification... Par analogie, Jerrold Levinson affirme que «les œuvres d'art sont essentiellement des objets incorporés dans l'histoire; elles n'ont jamais un statut d'art, des propriétés esthétiques manifestes, des significations artistiques définies, une identité ontologique déterminée, en dehors ou indépendamment de ce contexte génétique. Ce contexte en fait les œuvres d'art qu'elles sont»[1].

Cette conception n'entraîne-t-elle pas le rejet des notions de nature ou de quasi-nature de l'œuvre d'art? Les œuvres d'art, sans réalité propre, ne sont-elles pas alors que le résultat d'un processus qui les engendre? Je ne le crois pas. Le mode d'existence de certaines choses, d'artefacts en particulier

---

1. J. Levinson, «Le contextualisme esthétique», trad. fr. R. Pouivet, dans *Esthétique contemporaine*, *op. cit.*, p. 451.

– vraisemblablement de la plupart des objets sociaux – est constitutivement historique. Une ontologie de l'œuvre d'art doit tenir compte de l'historicité de l'art sous peine d'échouer à rendre compte de sa nature. C'est la raison pour laquelle Levinson parle, à propos des œuvres d'art, de leur « identité ontologique » déterminée par l'histoire. Être une œuvre d'art, c'est appartenir à une *tradition* dans la production des artefacts. Le principe de la définition de l'œuvre d'art est diachronique.

Cependant, une définition historique n'affirme pas que l'œuvre d'art résulte d'un processus historique scandant les phases de développement du concept d'art, lequel lui-même entrerait à titre de moment dans l'histoire totale de l'Esprit et même du Réel. C'est une chose d'affirmer, tel Hegel, que le contenu du concept d'art est un développement historique, et une autre de dire, tel Levinson, que le concept d'art n'a aucun autre contenu que ce que l'art a été. Dans le premier cas, l'historicisme est externe. Il n'est pas propre aux œuvres d'art. L'histoire est la façon dont la totalité des choses se réalise. L'art n'est qu'un cas particulier. Dans le second cas, il convient de parler d'une auto-référence de l'art dans la production de certains objets. L'historicisme n'est alors nullement externe et global, comme chez Hegel ; il est interne et limité à un renvoi de chaque nouvelle production à d'autres, qui la précèdent. Une telle définition historique de l'art est donc, en gros, *récursive*. Elle suppose 1) que le terme défini soit appliqué à quelque chose, 2) qu'une règle soit donnée pour atteindre d'autres choses auxquelles le terme s'applique, 3) que le terme ne s'applique à rien d'autre. Mais qu'est-ce qui peut dans le cas de l'art constituer la règle de récursivité ?

Selon Jerrold Levinson, « une œuvre d'art est une chose produite dans l'intention d'être perçue-comme-une-œuvre-d'art, regardée selon l'une des façons dont les œuvres d'art qui l'ont précédée ont été correctement perçues »[1]. Ce serait alors l'intention de percevoir ou de regarder en t^n quelque chose comme l'ont été d'autres choses en t^{n-1}. Une chose est une œuvre d'art du fait d'une relation qu'elle entretient avec des œuvres d'art qui la précèdent dans le temps, lesquelles à leur tour sont de l'art du fait d'une relation qu'elles entretiennent avec des œuvres d'art qui les précèdent dans le temps, et ainsi de suite. Telle est la règle de récursivité dans une définition historique de l'art.

Ce qui importe avant tout dans cette définition historique est l'importance accordée à la notion de référence intention-nelle. Dans la mesure où il n'existe pas de caractéristiques intrinsèques faisant de quelque chose une œuvre, l'intention que cette chose soit perçue comme de l'art est, selon Levinson, le contenu fondamental de la relation constitutive d'une chose comme œuvre d'art. L'œuvre d'art est visée en tant que chose destinée à être perçue et traitée comme d'autres choses l'ont été auparavant. Trois catégories d'intention doivent alors être considérées :

> – une intention fondée sur une conscience artistique parti-culière de la façon dont certaines œuvres ou certaines classes d'œuvres ont été correctement considérées ;
> – une intention fondée sur une conscience artistique non spécifique : on n'a alors pas à l'esprit une œuvre particulière, mais un mode de perception conforme à la façon dont des œuvres du passé ont été correctement perçues ;
> – une intention fondée sur un inconscient artistique : celui qui a cette intention ne sait alors pas que son mode de perception

---

1. J. Levinson, « Pour une définition historique de l'art », dans *L'art, la musique et l'histoire*, trad. fr. J.-P. Cometti et R. Pouivet, Paris, L'éclat, 1999, p. 19.

correspond à l'une des façons dont certaines œuvres du passé ont été correctement perçues.

La troisième espèce d'intention permet « que puissent exister des créateurs qui ne savent rien des œuvres d'art, des pratiques et des institutions artistiques »[1], comme le sculpteur africain de la fin du XIXe siècle par exemple, dont nous admirons aujourd'hui les œuvres dans des musées qui ne sont plus exclusivement ethnologiques[2].

Même une volonté de rupture franche et nette avec l'art du passé s'inscrit, tout autant que le conformisme, dans une lignée historique. L'art révolutionnaire insiste sur le fait que l'incommensurabilité avec les façons dont les œuvres d'art qui l'ont précédé ont été correctement perçues ne constitue pas une raison suffisante pour contester le caractère artistique de ce qu'il propose comme art (*ready-made*, art conceptuel, performance, musique concrète, etc.). L'art révolutionnaire suppose dès lors les deux premières catégories d'intention présentées ci-dessus : la conscience artistique particulière (en disant : « Non, je ne fais pas cela ») et non spécifique (en disant : « Non, je ne me conforme pas à ce mode de perception »). Comme l'immoraliste est obsédé par la morale, l'artiste révolutionnaire s'insère dans la tradition qu'il entend détruire. Toute œuvre d'art dépend conceptuellement de ce que l'art a été, art

---

1. *Ibid.*, p. 25-26.

2. Un « institutionnaliste » pur et dur ne peut accepter cette thèse. D. Davies dit ainsi : « Nous devons rejeter la thèse de Levinson selon laquelle quelque chose peut être une œuvre d'art même si elle trouve son origine dans l'activité de quelqu'un qui est ignorant des pratiques d'un monde de l'art *en tant que* telles, pour autant que ses intentions s'accordent avec elles. Car sans un usage intentionnel approprié d'un medium artistique, il n'y a pas d'articulation d'un énoncé esthétique et donc aucune œuvre d'art » (*Art as Performance*, Oxford, Blackwell, 2004, p. 246).

révolutionnaire, dadaïste, subversif, surréaliste et « totalement irrécupérable » compris. Ce qui donne à l'art révolutionnaire de tous les temps un caractère souvent si conformiste.

Cependant, je ferai deux critiques principales à la définition historique et intentionnelle de l'art. La première concerne le problème de la première œuvre d'art. L'autre a trait au rôle de l'intention dans la définition de l'œuvre d'art.

Quand on est revenu suffisamment en arrière, y a-t-il alors une œuvre d'art *première,* une *Ur*-œuvre d'art? Jerrold Levinson a plusieurs fois répondu à l'objection, à mon sens sans convaincre. Il distingue un *art premier* qui n'est pas de l'art – c'est déjà surprenant – et un art originaire, première étape historique de l'art. « Bien que les objets appartenant à l'art originaire et à l'art premier soient des artefacts dont l'identité est régie par des intentions, l'intentionnalité qui fait que l'art originaire est *de l'art* fait nécessairement référence à des objets et activités antérieurs. Mais il n'en va pas de même de l'intentionnalité qui constitue l'art premier comme art premier »[1], dit Levinson. L'art originaire émerge donc comme art en fonction d'une intentionnalité différente de celle qui prévaudra par la suite, dirigée vers un art premier qui n'est pas de l'art. Dès lors, la règle de récursivité change de contenu à la première étape, même s'il s'agit toujours d'un renvoi en n^{-1}. Une chose est une œuvre d'art si elle en est une, relativement à d'autres avant qui l'étaient, ou si elle est la première œuvre d'art. Oui, mais d'où vient la première? Le problème reste entier.

1. J. Levinson, « L'irréductible historicité du concept d'art », trad. fr. M. Thiérault, dans J.-P. Cometti (dir.), *Les définitions de l'art, op. cit.,* p. 149-150.

On peut de nouveau, comme pour la définition procédurale, se demander s'il est tout à fait exact que *rien* dans ce qu'est une chose ne constitue une raison de la considérer comme une œuvre d'art. Que cela ne tienne cette fois qu'à l'intention de la percevoir de l'une des façons dont les œuvres d'art qui l'ont précédée ont été correctement perçues me semble tout aussi discutable. C'est minimiser à l'excès le caractère fonctionnel des œuvres d'art. Selon Levinson, par opposition au concept d'œuvre d'art, celui d'artefact « conserve au moins des considérations nécessaires approximatives relatives à la forme ou à la fonction »[1]. Une chaise ne peut avoir la forme d'un javelot et on doit pouvoir s'asseoir dessus. L'art lui n'aurait de conditions nécessaires qu'historiques *et intention-nelles*. Mais s'il existe des propriétés extrinsèques relation-nelles réelles qui font des œuvres d'art ce qu'elles sont, comme je l'ai soutenu précédemment (p. 33-37), cette thèse est-elle vraiment encore défendable ?

Que l'œuvre d'art entre dans une relation constitutive signifie que les deux termes de la relation sont à prendre en compte : du côté de la personne humaine, des intentions et des procédures de reconnaissance, de l'autre un certain fonction-nement de l'œuvre, ce qu'elle fait. Dans une conception historico-intentionnelle de l'œuvre d'art, tout comme dans la définition institutionnelle, *l'œuvre ne fait rien*. C'est unique-ment ce que l'on veut pour elle – qu'elle soit considérée comme l'ont été d'autres œuvres auparavant – qui fait d'elle ce qu'elle est. Elle est faite œuvre par cette *volonté d'art,* non pas parce ce qu'elle est ce qu'elle fait. Qu'elle ne soit pas œuvre indépen-damment de certaines compétences, activités, pratiques, usages qui sont ceux de certaines personnes, d'accord. Mais que cela

1. *Ibid.*, p. 157.

n'ait plus rien à voir avec la chose elle-même, les caractéristiques qu'elle possède, peut-on le croire, si justement elle doit remplir certaines fonctions ? La conception historico-intentionnelle de l'œuvre est finalement *idéaliste*. Notre regard ferait des choses les œuvres d'art qu'elles sont. Cette thèse s'accompagne souvent d'un luxe de détails, fort subtils, sur les modalités du processus par lequel la volonté humaine opère cette métamorphose du non artistique en artistique. Ce processus est parfois décrit en termes d'histoire. Il reste que cette conception est foncièrement idéaliste. Que les choses soient ce que nous voulons qu'elles soient, que nous n'ayons pas à les reconnaître pour ce qu'elles sont, c'est cela qui en fait une thèse idéaliste. Et c'est exactement ce que je conteste. Si l'œuvre d'art ne possède pas des propriétés intrinsèques qui en font l'œuvre qu'elle est, en revanche, il existe *un mode de fonctionnement propre aux œuvres d'art* ?

UNE DÉFINITION FONCTIONNELLE ET SUBSTANTIALISTE DE L'ŒUVRE D'ART

J'ai examiné deux types de définitions de l'œuvre d'art. Dans le premier, on met l'accent sur une propriété supposée nécessaire et suffisante comme la représentation, l'expression, la forme, la capacité de provoquer une expérience esthétique. Dans le second, on insiste sur des procédures : les œuvres d'art correspondent à certaines pratiques, plus ou moins réglées, qu'il s'agisse de la reconnaissance par un monde de l'art ou de certaines formes d'intentionnalité. À la différence des définitions du second type, celles du premier peuvent être dites fonctionnelles, puisqu'elles exigent que les œuvres d'art possèdent certaines fonctions (représenter, procurer une expérience esthétique, etc.) qui en font des œuvres, même si elles ne s'accordent pas sur la fonction en jeu. J'ai prétendu qu'elles échouent, ne sont pas universelles ou au contraire sont trop larges, qu'elles ont encore d'autres défauts rédhibitoires. Cependant, la notion de fonction qu'elles supposent me semble importante. L'un des défauts d'une définition purement histo-rico-fonctionnelle est de ne lui accorder que peu ou pas de place.

La notion de fonction peut être comprise en termes de rôle fonctionnel que l'œuvre d'art jouerait : représenter, exprimer, avoir une forme signifiante, provoquer une expérience d'une certaine sorte. Dans ces différents cas, on entend répondre à la question « À quoi sert l'œuvre d'art ? » en désignant une fonction. Une autre conception de la notion de fonction est impliquée dans la réponse à la question : « Comment quelque chose (objet ou événement) fonctionne-t-il *quand* il est une œuvre d'art ? ». Il ne s'agit plus de dire à quoi sert l'œuvre d'art, en désignant sa fonction, mais comment on s'en sert (en désignant son fonctionnement). C'est le deuxième sens que je vais retenir : la fonction est un fonctionnement.

Quand nous essayons de caractériser le mode d'existence d'une certaine sorte d'êtres naturels, nous mettons en évidence un principe d'activité. Selon Aristote, « la nature dans son sens premier et fondamental, c'est la substance des êtres qui ont, en eux-mêmes et en tant que tels, le principe de leur mouvement. La matière, en effet, ne prend le nom de nature que parce qu'elle est susceptible de recevoir en elle ce principe, et le devenir et la croissance, que parce que ce sont des mouvements qui procèdent de lui » [1]. Les substances ont leur principe d'acti-vité en elles. Qui possède le concept d'une sorte de substance (les hommes, les chevaux, les tulipes, etc.) sait les distinguer les unes des autres. Il sait aussi quel est le parcours existentiel

---

1. Aristote, *Métaphysique*, 1015 a 11-16.

d'une substance : comment elle a été, est et sera tout au long de sa carrière à travers le temps. Et cela parce qu'il connaît son principe de changement et d'activité. Les *artefacts* n'ont pas une nature indépendante de la conception que nous en avons. Ils possèdent cependant ce que j'ai appelé une *quasi-nature.* Leur dépendance ontologique – le fait que leur mode d'existence comprenne une relation à autre chose qu'eux-mêmes – est compatible avec un principe *propre* de fonctionnement. Non seulement la dépendance ontologique n'implique pas l'irréalité de l'artefact ; elle la proscrit. Si X n'existe pas, comment peut-il dépendre ontologiquement de quoi que ce soit ?

Le mode d'existence d'une œuvre est fonctionnel. En ce sens, il convient moins de caractériser l'œuvre d'art par *ce qu'elle est* – puisqu'elle n'est pas une œuvre d'art en elle-même, indépendamment d'autres êtres qui ne sont pas des œuvres d'art – que par *ce qu'elle fait,* la fonction qu'elle assure dans un contexte déterminé, dès lors que certaines personnes sont elles-mêmes capables d'activités sensibles et intellectuelles. C'est ce fonctionnement qui détermine sa spécificité.

Fonctionnement esthétique

Pour expliquer cette conception fonctionnelle de l'œuvre d'art, je vais exposer certains aspects de la philosophie de l'art de Nelson Goodman. Dans son célèbre article « Quand y a-t-il art ? »[1], il rejette toute définition de l'œuvre en termes d'essence ou de nature. Il insiste sur le mode de fonctionnement symbolique de l'art. Il n'entend pas faire autre chose

---

1. N. Goodman, « Quand y a-t-il art ? », trad. fr. D. Lories, dans G. Genette (dir.), *Esthétique et Poétique*, Paris, Seuil, 1992.

que d'indiquer les *symptômes* (indices fréquents) et non pas les *critères* (conditions nécessaires et suffisantes) du caractère esthétique d'une chose. « Dire ce que l'art fait n'est pas dire ce que l'art est ; mais je soutiens [dit Goodman] que la première question [ce que l'art fait] est la plus urgente et la plus pertinente. La question ultérieure de savoir comment définir la propriété stable en termes de fonction éphémère, le *quoi ?* en termes du *quand ?,* est tout à fait générale, et concerne aussi bien des chaises que des objets d'art » [1].

Pour Goodman, « c'est précisément en vertu du fait qu'il fonctionne comme symbole d'une certaine manière qu'un objet devient, quand il fonctionne ainsi, une œuvre d'art » [2]. Quelque chose, une pierre ramassée par exemple, ou l'action de creuser et de reboucher un trou dans Central Parc, devient une œuvre d'art en exemplifiant [3] certaines de ses propriétés. Notre attention est alors dirigée sur l'œuvre en tant que symbole qui exemplifie. Le passage cité de Goodman porte sur des cas limites. D'une part, un objet qui fonctionne comme œuvre d'art alors qu'il n'est pas un artefact et, d'autre part, une action sans produit aucun qui devient une œuvre d'art. Dans les deux cas, ce qui importe est le fonctionnement symbolique. À l'inverse, « un Rembrandt peut cesser de fonctionner comme

---

1. *Ibid.*, p. 81-82.

2. *Ibid.*, p. 78.

3. X exemplifie Y si X est dénoté par Y et qu'il en constitue un exemplaire. Par exemple un tableau exemplifie la tristesse s'il est triste (dénoté par « triste ») et qu'il manifeste cette propriété d'être triste. Dans ce cas, l'exemplification est métaphorique, puisqu'un tableau est littéralement rectangulaire ou couvert de peinture, mais il n'est triste que métaphoriquement. Ce qu'une œuvre d'art exprime sont les propriétés qu'elle exemplifie métaphoriquement. Sur toutes ces notions, voir N. Goodman, « Les voies de la référence », dans N. Goodman et C.Z. Elgin, *Esthétique et Connaissance*, trad. fr. R. Pouivet, Paris, L'éclat, 2e éd. 2001.

œuvre d'art si on l'utilise comme couverture ou pour remplacer une fenêtre cassée »[1], ajoute Goodman.

Le fonctionnement symbolique implique que l'œuvre d'art réfère, tient lieu de. Mais elle peut le faire de multiples façons[2] :

> – dénotation verbale : « le chat est sur le tapis » dénote un état de choses, un chat sur un tapis ;
> – notation : comme dans la notation musicale, qui dénote une séquence sonore ;
> – dénotation picturale : comme un dessin, une photographie, un film ;
> – citation : ce qui est cité est inclus dans le symbole effectuant la citation ;
> – exemplification littérale et métaphorique : elle va non pas du symbole dénotant à ce qu'il dénote, mais de ce à quoi le symbole s'applique au symbole lui-même, comme dans le cas d'un échantillon ; c'est « le retour de la référence vers le dénotant par le dénoté » – il peut être littéral comme lorsque un lac exemplifie l'élément liquide, ou métaphorique s'il exemplifie le calme ;
> – expression : l'exemplification métaphorique par un symbole de certaines de ses propriétés.

Qu'est-ce qui fait du fonctionnement symbolique un fonctionnement esthétique ? Ce sont certaines caractéristiques du mode de fonctionnement symbolique[3] :

> – la densité syntaxique (toutes les différences dans les symboles eux-mêmes sont significatives),
> – la densité sémantique (toutes les choses auxquelles le symbole fait référence se distinguent par les plus fines différences),

1. N. Goodman, « Quand y a-t-il art ? », art. cit., p. 78.
2. Voir N. Goodman et C.Z. Elgin, *Esthétique et Connaissance*, *op. cit.*
3. Voir N. Goodman, « Quand y a-t-il art ? », art. cit., p. 79-80.

– la saturation relative (un nombre comparativement élevé
d'aspects du symbole sont significatifs),
– l'exemplification (voir plus haut),
– la référence multiple et complexe (multiplicité des
fonctionnements symboliques d'un seul symbole).

Les limites de l'esthétique sont « vagues et errantes »[1], dit
Goodman. Mais, la plupart du temps, on trouve au moins l'un
de ces symptômes quand un artefact fonctionne esthétiquement, c'est-à-dire en tant qu'œuvre d'art. L'esthétique suppose
que l'attention soit orientée sur le symbole plutôt que ce à quoi
il réfère. Mais cela n'implique pas le formalisme, pour lequel
l'œuvre d'art se dispense de toute espèce de référence, et donc
ne renvoie qu'à elle-même. Car l'accent mis sur la non trans-
parence de l'œuvre, dans les cas où il est pertinent (œuvres
plastiques non figuratives, musique « pure », danse non scéna-
risée, etc.), « découle de certaines caractéristiques de l'œuvre
en tant que symbole »[2].

L'œuvre comme substance artefactuelle

Toute orthodoxie goodmanienne mise à part, je soutiens
que certaines choses sont définies par leur mode de fonctionnement en tant que symboles, lequel comprend une relation à des
êtres comme les humains, capables de certaines activités sensibles et intellectuelles. Dès lors, les œuvres d'art auraient une
quasi-nature, un équivalent du principe de l'activité pour
une chose naturelle. À mon sens, une conception sémiotique
du fonctionnement esthétique de l'œuvre d'art – la conception
reprise de Goodman – n'est pas incompatible avec l'idée
d'œuvre d'art comme *substance artefactuelle,* dotée d'une
quasi-nature (par analogie avec la nature d'une chose).

1. *Ibid.*, p. 80.
2. *Ibid.*, p. 81.

Goodman l'aurait refusée, mais cela m'importe peu ici! Les œuvres d'art sont des artefacts dont la quasi-nature, le mode d'existence, consiste à fonctionner symboliquement et esthétiquement[1]. Ce fonctionnement (selon les «symptômes» indiqués par Goodman) constitue leur spécificité et donne une signification à l'idée d'une espèce d'artefacts qui sont des œuvres d'art. Un tel fonctionnement ne peut être isolé d'un contexte dans lequel certaines personnes répondent adéquatement aux symboles, en quelque sorte savent les faire référer selon leurs multiples modalités.

Il est alors possible d'indiquer quel est le statut ontologique des œuvres d'art. À cet effet, on reprendra certains résultats des analyses précédentes (de (1) à (3) ci-dessous). On comparera ce statut, d'une part, à celui des choses naturelles et, d'autre part, à celui d'autres types d'artefacts (4).

1) Il n'existe pas de propriété intrinsèque ou un ensemble de propriétés intrinsèques faisant d'un artefact une œuvre d'art.

2) «Être une œuvre d'art» est une propriété extrinsèque qu'une chose possède en relation avec un ensemble de conditions dont les principales sont :

> – des personnes possédant certaines compétences sémiotiques, grâce auxquelles elles peuvent faire fonctionner esthétiquement certains artefacts;
> – un environnement approprié grâce auquel ces compétences sémiotiques ont pu être développées (apprentissage);
> – des institutions et des traditions qui constituent cet environnement approprié;

---

1. Selon Gérard Genette, «une œuvre d'art est un artefact (ou produit humain) à fonction esthétique» (*L'œuvre de l'art*, Paris, Seuil, 1994, t. I, p. 10).

– une dimension historique comprise dans les traditions grâce auxquelles toute œuvre d'art fait référence à des œuvres du passé.

Ce qui correspond à la nature d'une chose naturelle est un certain fonctionnement esthétique (fonctionnement symbolique spécifique) des œuvres d'art.

3) Une chose n'est pas une œuvre d'art par convention. « Être une œuvre d'art » n'est pas une propriété projective et relative, le résultat d'une attitude adoptée par certaines personnes dans certains contextes. Si une chose est une œuvre d'art, elle l'est réellement, même si elle ne l'est pas indépendamment des conditions signalées dans (2). Pourtant, il n'existe pas d'essence de l'œuvre d'art (1).

4) On peut distinguer :

[1] Les choses naturelles, dont la nature est indépendante des compétences humaines (si on accepte la notion d'espèce naturelle).

• Elles sont totalement indépendantes de toute activité humaine ; celle-ci peut constituer une condition nécessaire, mais jamais suffisante de leur apparition.

• Elles sont soumises à des lois causales.

• Ces lois causales manifestent des relations nécessaires entre des événements naturels [1].

---

1. Certains lecteurs seront interloqués et se diront que cette conception de la causalité est pré-humienne et pré-kantienne. Une métaphysique prenant au sérieux la notion d'une causalité réelle se trouve aujourd'hui défendue, par exemple par David Armstrong (*What is a Law of Nature ?*, Cambridge, Cambridge UP, 1983). Mais ma thèse n'est pas modifiée si on la refuse. En revanche, la différence entre [1] et [2] devient moins forte, dans la mesure où les lois causales deviennent, pour ainsi dire, des produits de l'esprit humain.

• Il est possible de parler d'essences au sujet des espèces de choses naturelles : elles définissent leur nature et les principes du changement de ces choses. Les essences définissent aussi des substances.

– Plantes

– Animaux

[2] Les artefacts (faits par l'homme) dont le fonctionnement repose sur une structure indépendante de l'homme.

• Les artefacts sont issus d'une production humaine.

• Ils possèdent donc essentiellement des propriétés extrinsèques.

• Être un certain artefact suppose de posséder nécessairement une certaine fonction.

• Posséder cette fonction suppose d'avoir une certaine structure causale et donc des propriétés intrinsèques, qui ne dépendent d'aucune autre chose [1].

• On peut ainsi parler d'essences au sujet de certains artefacts, et parler aussi de substances artefactuelles.

– Roue

– Axe

– Chaise

– Ordinateur

[3] Les œuvres d'art comme artefacts dont le fonctionnement repose sur l'exercice d'une compétence humaine (sémiotique).

• Les œuvres d'art n'ont pas d'essence, car il n'existe pas de structure propre à l'espèce artefactuelle qu'elles constituent.

• Les œuvres d'art sont néanmoins des substances artefactuelles, mais dont toutes les propriétés constitutives

---

1. Voir A. Denkel, « Artifacts and Constituents », *Philosophy and Phenomenological Research*, vol. 55, n°2, 1995.

sont extrinsèques. Elles sont liées aux intentions de leurs producteurs et à celles d'un public.

• Il n'existe donc pas de lois causales nécessaires permettant d'affirmer que si quelque chose possède certaines propriétés, alors c'est une œuvre d'art, c'est-à-dire une substance artefactuelle fonctionnant esthétiquement.

    – Œuvres d'art

[4] Les artefacts aux propriétés strictement projectives (procédurales) : institutionnelles, historiques, contextuelles.

• Ce sont des produits humains.

• Toutes leurs propriétés sont relatives à des pratiques, des contextes et à leur histoire.

• Leur fonctionnement symbolique est strictement conventionnel.

• Ils ne possèdent pas d'essence.

    – Jeux de cartes

    – Panneaux de signalisation

Si cette classification est acceptable, alors ce que sont les œuvres d'art apparaît, je crois, clairement. Elles sont un statut ontologique propre et irréductible dans l'ensemble des choses qui existent : elles ne sont ni des entités naturelles, ni de simples artefacts possédant une structure propre, ni des artefacts dont le fonctionnement est strictement conventionnel. Dans cette classification, elles ont leur place, irréductible. Elle est large et accueillante à bien des possibilités, me semble-t-il, loin d'être toutes épuisées. Mais tout n'est pas ni ne peut devenir une œuvre d'art par un simple *fiat*. Et les entités qui en sont le sont réellement, du fait d'appartenir à une certaine classe d'entités.

La définition, enfin

Le scepticisme définitionnel affirme qu'aucune tentative pour définir l'œuvre d'art ne peut aboutir. Que nous n'ayons

pas pour elle un ensemble de conditions nécessaires et suffisantes, devrait nous conduire à renoncer à toute définition.
Mais ne suffit-il pas de renoncer à une définition *réelle* ? Il en
est d'autres ! Le quiétisme définitionnel suggère que la prétention à définir était déplacée et excessive, que nous n'avons pas
besoin de cette définition pour continuer à apprécier les œuvres
que les artistes nous offrent. C'est assez juste. Nous n'en avons
nul besoin dans le cadre de notre vie esthétique. Mais l'effort
définitionnel n'a pas de finalité esthétique. Qu'il soit philosophique ou théorique n'implique pas qu'on doive s'en excuser.

Grâce aux efforts des philosophes qui ont tenté de définir
l'œuvre d'art, nous voyons les difficultés à surmonter pour
parvenir à une définition. 1) Nous devons éviter d'éliminer le
rôle du contexte et d'y dissoudre l'ontologie de l'œuvre d'art.
2) Nous devons nous méfier de la fâcheuse tendance à utiliser
le concept d'œuvre d'art en termes d'évaluation. 3) Nous avons
la crainte, parfois justifiée, parfois excessive, d'exclure des
objets ou des événements comme étant « de l'art ». Je rejoins
Claudine Tiercelin, pour laquelle « nous devons considérer les
difficultés rencontrées dans une définition de l'art ou pour dire
ce qu'est une œuvre d'art, non comme un défaut, mais comme
une situation normale, propre à toutes les productions manifes-
tant une forme d'intelligence ou se caractérisant comme des
créations intentionnelles » [1]. Toutes ces productions dépendent
ontologiquement des êtres humains. Cela n'empêche nullement que nous puissions les définir et comprendre ce qu'elles
sont. La définition que je propose s'énonce ainsi :

1. C. Tiercelin, « Vagueness and the Ontology of Art », *Cognitio*, vol. 6,
n°2, 2005, p. 244.

> Une œuvre d'art est une substance artefactuelle dont le fonctionnement esthétique détermine la nature spécifique [1].

Cette nature est une *quasi*-nature, comme en ont les entités artefactuelles, faites par les hommes. La notion d'œuvre d'art est intentionnelle et fonctionnelle. Elle est aussi éminemment contextuelle et circonstancielle. Car avec les intentions, c'est tout le contexte et les circonstances dans lesquels ces intentions et ces fonctionnements se constituent et s'exercent dont une définition comme la mienne tient compte. L'œuvre d'art suppose des apprentissages, des institutions, des conventions, une vie sociale, sans nul doute. Même quand les œuvres entendent s'en affranchir, elle suppose des traditions dans lesquelles les œuvres prennent vie et sens. Néanmoins, les œuvres d'art sont des entités au statut ontologique spécifique. Elles possèdent des caractéristiques fonctionnelles propres qui en font ce qu'elles sont. Que ces caractéristiques supposent l'existence d'êtres tels que nous sommes, avec les compétences sémiotiques que nous avons, n'implique nullement qu'elles en sont moins, de ce fait, ce qu'elles sont *réellement*. Notre monde contient des choses naturelles et des artefacts, et parmi ces derniers des œuvres d'art.

Au terme de cette enquête, j'ai pris le risque de proposer une définition – et je la défendrai dans la deuxième partie de ce livre. Comparée aux définitions plus brillantes citées au début, elle ne provoquera nul enthousiasme. Mais on ne doit pas s'étonner qu'une définition de l'art ne procure aucune jouissance esthétique, aucun éblouissement métaphysique. Même la meilleure définition ne peut donner que ce qu'elle a.

---

1. C'est la définition que j'avais proposée dans *L'ontologie de l'œuvre d'art* (*op. cit.*, p. 61). J'ai essayé ici de la justifier plus en détail.

TEXTES ET COMMENTAIRES

TEXTE 1

ROMAN INGARDEN
*L'expérience esthétique et l'objet esthétique**

Ceux d'entre nous qui sont allés à Paris et ont vu ce morceau de marbre qu'on appelle « La Venus de Milo », savent qu'il a de nombreuses propriétés qui, bien loin d'être prises en compte dans l'expérience esthétique, entravent à l'évidence

---

* Ce texte est une partie (p. 292-294) d'un article intitulé « Aesthetic Experience and Aesthetic Object », publié dans *Philosophy and Phenomenological Research*, vol. XXI, n°3, March 1961. Voici la note liminaire de ce texte : « Cet article est une petite partie de mon livre en polonais sur la cognition de l'œuvre littéraire (*O poznawaniu dzieła literackiego*, Lwów, Ossolineum, 1937). C'est un complément au livre *Das Literarische Kunstwerk* (Halle, 1931, trad. fr. P. Secrétan, *L'œuvre d'art littéraire*, Lausanne, L'Âge d'homme, 1989). Une œuvre littéraire, et particulièrement une œuvre littéraire artistique, peut être lue de différentes façons : dans une attitude purement cognitive, comme lorsque, par exemple, nous lisons une œuvre scientifique pour savoir quelque chose, et aussi bien dans une attitude esthétique, quand nous lisons en tant qu'amateurs de littérature. Il était cependant nécessaire d'étudier l'expérience esthétique (en allemand : *"Erlebnis"*) en général, afin de rendre clair ce qui advient en nous durant la perception esthétique d'une œuvre littéraire ». La traduction a été faite initialement à partir du texte anglais, puis revue à partir du texte polonais. [N.d.T.]

son accomplissement. En conséquence de quoi nous sommes enclins à les ignorer, comme c'est par exemple le cas d'une tâche noire sur le nez de Vénus, qui gêne une perception esthétique de sa forme, ou de multiples défectuosités, cavités et petits trous dans la poitrine, probablement corrodée par l'eau. Dans une expérience esthétique, nous faisons l'impasse sur ces caractéristiques particulières de la pierre, et nous nous comportons comme si nous ne les voyions pas; au contraire, nous faisons comme si nous voyions la forme du nez colorée de façon uniforme, comme si la surface de la poitrine était lisse, avec des cavités *remplies* et un mamelon d'une forme régulière, sans ces défauts qui sont en fait ceux de la pierre. « En pensée » ou même dans une représentation perceptive particulière, nous *ajoutons* des détails à l'objet parce qu'ils jouent un rôle positif pour atteindre l'optimum de l' « impression » esthétique alors possible. Plus exactement, nous ajoutons des éléments donnant à l'objet de notre expérience esthétique une forme grâce à laquelle il se distingue pleinement par ses valeurs esthétiques, lesquelles, dans ces conditions, se donnent *in concreto*. Cette sorte de procédure serait tout à fait inadéquate dans la connaissance, dans une attitude de recherche des propriétés de la pierre réelle. Cependant, dans une perception esthétique, cela « marche bien ». Et ce n'est dû en rien au fait de se persuader que tous les détails « ignorés » sont seulement des « défauts tardifs », qui ne doivent pas être pris en compte parce qu'ils n'étaient pas là au début, quand la statue est sortie du ciseau de l'artiste. Une telle façon de poser la question conviendrait seulement si nous assumions l'attitude cognitive des historiens de l'art, et si nous voulions apprendre, sur la base de l'état actuel du morceau de pierre quelle sorte de statue *elle a été* au moment de la production par son créateur. Dans ce cas, nous aurions aussi à « ajouter » les bras qui aujourd'hui sont cassés. La raison d'ignorer certains détails dans la perception esthétique est différente : les détails à ignorer nous « choquent ». S'ils étaient perçus, ils introduiraient un facteur *disharmonieux* dans le champ de ce qui nous est *donné* dans la perception, en provoquant une *discordance* dans la totalité de l'objet esthétique. De plus, cet objet n'est en fait aucunement identique au morceau de marbre donné. Plus exactement, il nous est *donné* non pas en tant que morceau de marbre, mais en tant que « Vénus », comme une femme ou une déesse. Nous avons donc raison de parler d'une tête, d'une poitrine, etc. Nous *voyons* un « corps » de femme – il se donne à nous. Mais nous ne voyons pas un simple corps. Dans une perception esthétique, nous voyons Vénus, une femme ou une déesse, dans une certaine situation et condition psychique, laquelle s'exprime par son attitude propre, par ses mouvements, etc. Cependant, en même temps, ce n'est pas pour nous un corps *réel* de femme ; ce n'est pas une femme *réelle*. Rencontrer une femme avec des bras coupés de cette façon (supposons que la blessure soit déjà cicatrisée) provoquerait une forte aversion, mêlée aussi, peut-être, de pitié, de compassion, et d'autres sentiments. Mais dans la perception esthétique de la « Venus de Milo », aucune trace de ces expériences. Nous ne pouvons pas dire qu'en aucun cas nous ne voyons les « moignons », et pas plus qu'ils sont vus distinctement. Notre attention s'attache à eux pendant le processus perceptif et leur existence en ce sens s'impose. On ne peut pas dire non plus que les bras manquants soient remplacés « en pensée » ou en imagination (quoique ce soit possible). En revanche, ces bras manquants ne nous gênent en rien, dans ce cas. Comme on le sait, on s'est souvent demandé s'il ne vaudrait pas « mieux » que les bras n'aient pas été cassés – « mieux », bien sûr, non pas pour le morceau de marbre, ni pour une femme vivante, mais pour la complétude d'un objet possédant une valeur esthétique, un objet qui *vient à l'existence* quand une expérience esthétique s'accomplit; plus exactement, «mieux» pour la valeur esthétique de l'objet qui se constitue seulement quand l'expérience esthétique a lieu, et qui nous est donné quand il est constitué. Dans une attitude esthétique, nous oublions entièrement, d'une façon ou d'une autre, l'absence et même le manque des bras. Les choses ont pris un tour si heureux que rien ne manque à l'objet, dans sa totalité, «vu» de cette façon, et que même, peut-être, cela lui profite, car les bras n'entrent pas dans le champ de vision. Grâce à cette circonstance, certaines valeurs esthétiques se sont manifestées (par exemple, l'élégance de la pose, une poitrine parfaite, etc.) qui ne se révèleraient pas d'elles-mêmes dans cette forme si les bras étaient encore là.

Tout ce qui vient d'être dit ne prouve en rien, du moins dans le cas qui nous occupe, qu'il n'y a pas de simple perception d'une pierre réelle ou d'une femme réelle. Mais cela montre que la perception sensible n'est qu'une *base* pour des actes psychiques supplémentaires, qui se construisent sur la première et nous conduisent à la «Vénus de Milo», comme objet d'une expérience esthétique. Corrélativement, l'objet de l'expérience esthétique *n'est identique à aucun objet réel*, et seuls certains objets réels, formés d'une certaine façon, servent de *point de départ* et de base à la construction d'objets esthétiques, quand le sujet percevant adopte une attitude adéquate. Du reste, ce qu'on appelle «l'expérience esthétique» n'est pas qu'une unique expérience, composite, mais plusieurs expériences liées les unes aux autres. Afin de saisir la «Vénus de Milo» dans une expérience esthétique, il ne suffit pas de la «regarder» un moment d'un unique point de vue. On doit la «percevoir» de différents côtés, dans différentes perspectives, chacune limitée, en se rapprochant et en se reculant. Sur la base de la perception sensible (modifiée), dans toutes les phases de l'expérience, on doit pouvoir saisir ces propriétés visibles de la Vénus de Milo grâce auxquelles se révèlent ses valeurs esthétiques, accessibles sous des aspects donnés, appréhender les qualités ayant une valeur esthétique et les lier les unes aux autres synthétiquement, afin de parvenir ainsi à saisir leur harmonie *complète*, et à ce moment seulement, dans une contemplation émotionnelle particulière, *s'abandonner au charme* de la beauté de l'« objet esthétique » finalement constitué.

COMMENTAIRE

L'objet esthétique

La définition de l'œuvre d'art comme substance artefactuelle fonctionnant esthétiquement, proposée dans la partie précédente de ce livre, pourrait affliger tous ceux pour lesquels une œuvre d'art est fondamentalement liée à une expérience esthétique. Elle ne saurait qu'abusivement être définie indépendamment de cette expérience. L'œuvre d'art est d'abord un objet esthétique. C'est cette thèse que l'étude du texte de Roman Ingarden, qui en défend une version phénoménologique, nous permet d'examiner et, à mon sens, de rejeter.

Examinons les deux affirmations suivantes :

1) Il existe une expérience spécifiquement esthétique.
2) L'objet de cette expérience est lui-même spécifiquement esthétique.

Elles constituent deux des présupposés les plus courants en esthétique et, plus généralement, dans le discours critique sur les arts. Elles se soutiennent l'une l'autre : (1) suppose (2) et (2) suppose (1), à tel point qu'on peut parler de *cercle esthétique*. Mikel Dufrenne le décrivait ainsi : « Il faut bien définir l'expérience esthétique par l'objet dont elle fait l'expérience et que nous appellerons l'objet esthétique. Or, pour repérer à son tour cet objet, nous ne pouvons invoquer l'œuvre d'art en tant qu'elle est identifiable par l'activité de l'artiste ; l'objet esthétique ne peut être défini lui-même que comme le corrélat de l'expérience esthétique » [1].

Il existerait ainsi une expérience spécifiquement esthétique d'un objet. C'est par cette expérience que l'œuvre d'art se définit. Cela suppose bien sûr qu'il existe une spécificité esthétique, à la fois d'une sorte d'expérience et d'un type d'objet de cette expérience. L'expérience esthétique produit l'objet esthétique et l'œuvre d'art, qui en est un. C'est la particularité du regard qui fait la spécificité de l'œuvre d'art – voire l'œuvre d'art elle-même.

Tournant très à l'aise dans le cercle esthétique, Dufrenne affirme qu'« est esthétique tout objet qui est esthétisé par une expérience esthétique quelconque » [2]. Il précise que cela ne signifie pas que l'objet esthétique soit une création de l'expérience car, le dire reviendrait à un abominable idéalisme. Cependant, indique-t-il, « la perception esthétique fonde l'objet esthétique, mais en lui faisant droit, c'est-à-dire en se soumettant à lui » [3]. La formule est énigmatique. Fonder quelque chose en se soumettant à lui, c'est comme caresser en frappant ou boire de l'alcool en restant sobre. On peut supposer simplement que le phénoménologue a un peu honte de son idéalisme, presque provoquant. À suivre Dufrenne, l'expérience devient esthétique en se soumettant à un objet devenu lui-même esthétique par le caractère esthétique de l'expé-

---

1. M. Dufrenne, *Phénoménologie de l'expérience esthétique*, Paris, PUF, 2e ed., 1967, p. 4.

2. M. Dufrenne, *op. cit.*, p. 7.

3. *Ibid.*, p. 9.

rience. On peut parler de cercle vertueux, si l'on y tient, on n'en tourne pas moins en rond.

Pour Gérard Genette, ce qui rend esthétique certaines expériences et certains objets n'est pas à rechercher exclusivement du côté de l'expérience ou du côté de l'objet, mais dans la relation qui se noue entre les deux : « Ce n'est pas l'objet qui rend la relation esthétique, mais la relation qui rend l'objet esthétique »[1]. Toute œuvre d'art n'est pas un objet esthétique (le tableau de Rembrandt qui bouche une fenêtre), tout objet esthétique n'est pas une œuvre d'art (une belle femme), du moins si l'on exclut la notion d'un art divin. L'origine matérielle de l'œuvre d'art est l'artiste, comme producteur, mais c'est comme objet d'une certaine expérience ou membre d'une certaine relation, qu'elle est un objet esthétique. Celui-ci peut fort bien être une fiction (Mme Bovary), virtuel (une image d'hologramme), spéculaire (Narcisse séduit par son reflet), voire hallucinatoire. Genette précise que l'idée selon laquelle certains objets seraient esthétiques, de façon permanente et positive, n'a pour lui « tout bonnement aucun sens »[2]. L'adjectif « esthétique » n'est pas dispositionnel, mais « résultatif ». Il suit d'une certaine attention et appréciation qui *constituent* leur objet.

Sous ces deux formes, phénoménologique puis genettienne, la conception faisant de l'objet esthétique le corrélat d'une expérience spécifique, esthétique, entraîne la thèse selon laquelle l'objet esthétique ne peut pas être celui auquel une expérience non esthétique aurait affaire, disons l'objet matériel d'une expérience de perception ordinaire, et moins encore d'une expérience comme celle d'acheter quelque

---

1. G. Genette, *La relation esthétique*, Paris, Seuil, 1997, p. 18.
2. *Ibid.*

chose ou de le transporter. Et cela vaut, curieusement, pour l'œuvre d'art. Comme objet esthétique, le tableau suspendu dans le salon n'est pas l'objet acheté dans la galerie et transporté dans le coffre de la voiture, ce n'est non plus celui qu'on époussette amoureusement.

On devrait alors en tirer l'une de ces deux conclusions suivantes, curieusement contraires, (A) et (B).

A) *Il n'existe pas d'ontologie de l'objet esthétique.* Car « être esthétique » n'est pas une propriété intrinsèque de quoi que ce soit, mais une propriété résultative qu'une chose possède à titre d'objet d'une certaine expérience. C'est seulement à titre d'objet interne de l'expérience esthétique, et non d'objet externe du monde, qu'une chose a cette propriété. Cette conception peut aussi encourager l'idée que l'étude de l'expérience esthétique – ce en quoi consiste exclusivement l'esthétique, pensent certains philosophes – est complètement indépendante de toute ontologie des entités de cette expérience. Si ces entités n'en sont pas indépendantes, qu'elles en résultent, elles n'ont aucun mode propre d'existence, du moins pas en tant qu'objets esthétiques. Celui pour lequel l'ontologie est totalement inutile pour l'esthétique[1] propose une version de (2) qu'on peut dire anti-réaliste. Pour lui, l'œuvre d'art n'est pas indépendante de l'expérience qu'on en a. Cela signifie que parler de cet objet revient à décrire l'expérience qu'on en fait.

B) *Il existe une ontologie des objets esthétiques.* Cependant, ce n'est pas celle des objets réels, mais d'objets intentionnels. Leur mode d'existence est spécifique et fonction d'une expérience dont ils sont des corrélats, ou ils entrent dans une relation qui ne repose en rien sur des caractéristiques

---

1. Voir A. Ridley, *The Philosophy of Music: Theme and Variations*, Edinburgh, Edinburgh UP, 2004, chap. 4.

physiques de l'objet. Ceux qui adoptent cette thèse considèrent vraisemblablement que peu ou prou tous les objets esthétiques (voire, pour certains, tous les objets tout court) sont intentionnels. La notion d'objet intentionnel est souvent (mais pas nécessairement) solidaire du rejet de la thèse supposée « naïve » selon laquelle il existe une réalité indépendante externe. Elle serait constituée d'objets réels perçus ou connus tels qu'ils sont indépendamment de la façon dont ils sont donnés, voire constitués, dans l'expérience.

À (1) on peut maintenant ajouter une autre prémisse :

(*) Toute expérience est expérience de quelque chose

Ingarden raisonne ainsi : Si (1) et (*), alors (2).

Le texte d'Ingarden entreprend de justifier la distinction entre objet physique ou réel et objet esthétique, telle qu'elle apparaît dans (B). La thèse comprise dans (A), l'anti-réalisme esthétique, est beaucoup plus forte que la thèse comprise dans (B), la simple affirmation que toute œuvre d'art est un objet esthétique. La première affirme en effet que les œuvres ne sont rien d'autre qu'une certaine forme d'expérience[1], la seconde dit que ce sont les objets d'une certaine forme d'expérience. Il me semble que la réfutation de (B) conduit aussi à miner (A), mais de façon indirecte. Si l'œuvre d'art n'est pas réductible à un objet esthétique constitué par une forme d'expérience, elle n'est pas non plus cette forme d'expérience elle-même.

Une phénoménologie de l'œuvre d'art

« L'erreur essentielle des conceptions portant sur l'expérience esthétique consiste à soutenir que l'objet de cette

---

1. Il pourrait y avoir des variantes qui ici n'importeraient pas : les œuvres pourraient n'être qu'une certaine forme de discours esthétique.

expérience est identique à un élément du monde réel et à l'objet de nos activités ou de notre connaissance », dit Ingarden[1]. Il parle de « perception esthétique » – un mode de perception empruntant sa spécificité à l'expérience pareillement qualifiée. Il donne deux exemples : la perception d'arbres en fleur au petit matin, en ouvrant les rideaux, par un jour de printemps ; la perception de la Vénus de Milo. Pour Ingarden, « la question est, premièrement, de savoir si, du seul fait de partir d'un objet réel, nous en restons là, quand une perception esthétique s'installe en nous, et, deuxièmement, si partir d'un objet réel est indispensable dans tous les cas de perception esthétique »[2].

Ingarden propose un argument typiquement phénoménologique en faveur d'une réponse négative aux deux questions. C'est l'argument de la perception d'objets fictionnels. Elle ne peut pas être réelle, seulement esthétique. Le « paradoxe de la fiction » témoignerait en faveur d'une telle perception esthétique d'objets fictionnels. Il consiste à remarquer que nous pouvons être émus par le destin d'Anna Karénine, qui n'a jamais existé. Il y a un paradoxe car il semble que l'émotion suppose la croyance en l'existence de l'objet de ce qui émeut. « J'ai peur du monstre, mais le monstre n'existe pas » est une affirmation problématique. Ingarden en tire la conclusion que la perception d'objets réels n'est pas indispensable à une émotion, du moment que nous adoptons ce qu'il appelle « une attitude esthétique positive ou négative »[3]. C'est parfois sur la base d'objets réels que sont constitués des objets esthétiques, l'œuvre littéraire sur un texte, par exemple. Pourtant, imaginer ou se remémorer un poème, sans qu'il devienne un texte écrit

1. R. Ingarden, art. cit., p. 289.
2. *Ibid.*, p. 290.
3. *Ibid.*

ou sans qu'il l'ait jamais été, suffit pour qu'il se constitue en objet esthétique. Dès lors, un objet physique préalable n'est pas indispensable. Au sujet de la Vénus de Milo, Ingarden affirme : « Notre perception pourrait être une illusion, qu'il n'y ait en réalité aucun morceau de marbre dans une salle du Louvre ou qu'il soit fort différent de ce qui est apparu dans notre perception. Tout cela n'altèrerait en rien notre enchantement ou ce qui a été donné comme objet de cette expérience » [1].

Le « donné » est constitué par l'expérience esthétique et semble-t-il n'emprunte rien à l'objet réel qui, au mieux, ne joue qu'un rôle de point de départ. « L'occurrence de la réalité comme moment particulier de l'objet perçu n'influence pas, le moins du monde, notre délice ou notre aversion esthétiques » [2], dit Ingarden. Il ajoute que « si les choses ne se passaient pas ainsi, tous les objets que nous percevons comme réels devraient être "beaux", "fascinants", "jolis" ou "laids", ce qui n'est pas vrai » [3].

Ingarden distingue alors fermement une attitude cognitive et une attitude esthétique. La première est dirigée vers les objets réels afin d'en appréhender les propriétés objectives ou, plus exactement, les propriétés données dans la perception comme étant celles qui peuvent ou même doivent être objectivement attribuées à l'objet [4]. La seconde suppose dans son principe même une constitution de son objet dans laquelle

1. *Ibid.*, p. 290-291.
2. *Ibid.*, p. 291.
3. *Ibid.*
4. À cet égard, Ingarden développe une phénoménologie réaliste (non idéaliste, donc), qui le distingue nettement du Husserl d'après les *Recherches logiques*. Voir R. Ingarden, « Des motifs qui ont conduit Husserl à l'idéalisme transcendantal », dans *La controverse Idéalisme-Réalisme*, trad. fr. P. Limido-Heulot, Paris, Vrin, 2001 (version abrégée d'un texte non traduit en français).

certains aspects sont ignorés – les tâches noires sur le nez de Vénus, les défectuosités du marbre et les petits trous dans la poitrine. Nous visons «l'optimum de l'"impression" esthétique »[1]. Dès lors, l'objet esthétique Vénus de Milo n'est aucunement identique à l'objet physique Vénus de Milo. Ingarden remarque ainsi que l'absence de bras ne nous pose aucun problème et que, dans l'attitude esthétique, nous ne voyons pas des moignons. L'objet esthétique « *vient à l'existence* quand une expérience s'accomplit »[2].

Le texte d'Ingarden comprend aussi une réflexion sur le mode différent de constitution de l'objet de connaissance et de l'objet esthétique, et sur le lien entre expérience esthétique et valeur esthétique de l'objet esthétique. Je laisse ces points de côté pour ne m'intéresser ici qu'à la thèse selon laquelle il existe, en un sens particulier de l'existence, des objets esthétiques. Cette thèse est acceptée par des philosophes qui ne sont pas phénoménologues. Elle est même souvent considérée comme allant de soi. À mon sens, elle est fausse.

Le Principe de diversité des incompatibles[3]

Le nerf de l'argument d'Ingarden, et de tous ceux qui en gros font le même, c'est ce qu'on peut appeler le Principe de diversité des incompatibles[4].

1. Dans le texte d'Ingarden, *supra*, p. 70.
2. *Ibid.*, p. 72.
3. Pour leurs remarques sur ce passage, je remercie J. Beauquel, Ch. Bouriau, F. Lihoreau et M. Rebuschi, même si je n'ai pas toujours tenu compte de certaines de leurs objections.
4. Je m'inspire ici d'un article de G. Iseminger, « Roman Ingarden and the Aesthetic Object », *Philosophy and Phenomenological Research*, vol. 33, n°3, 1973.

> (PDI) Si deux objets, X et Y, ont des propriétés incompatibles, alors ils sont différents.

La Vénus de Milo *physique* a des défauts physiques : des cavités dans la poitrine, un mamelon défectueux, un nez dont la couleur n'est pas uniforme, et pas de bras mais des moignons. La Vénus de Milo *esthétique* a un nez coloré de façon uniforme, la surface de la poitrine est lisse, un mamelon parfait, et pas de moignons même si elle n'a pas de bras. Donc, la Vénus de Milo *physique* et la Vénus de Milo *esthétique* sont deux objets distincts. La seconde n'est pas un objet réel et matériel du tout. C'est un *objet esthétique*. « Avoir des propriétés incompatibles » est plus restrictif qu'« avoir des propriétés distinctes ». Le (PDI) est dès lors plus restrictif que le principe de *discernabilité des différents* (Si deux objets X et Y diffèrent sur au moins une propriété, alors ils sont différents). Ce principe est la contraposition du célèbre principe d'indiscernabilité des identiques (Si deux objets X et Y sont identiques, alors ils ont exactement les mêmes propriétés), parfois appelé aussi « Loi de Leibniz ». Tous ces principes logiques sont réputés valoir en *contexte extensionnel,* autrement dit quand on n'introduit aucune modalité (nécessité, possibilité, obligation, autorisation, etc.), ni aucun aspect épistémique (croire que, penser que, avoir l'intention de, etc.). Or, avec Ingarden, nous sommes en *contexte intensionnel,* puisque nous *décrivons* la façon dont des objets nous *apparaissent*. Nous nous interrogeons sur la façon dont l'objet se présente à quelqu'un, comment il le perçoit (non esthétiquement ou esthétiquement). C'est la raison pour laquelle le recours au (PDI), en ce cas, devient problématique, voire trompeur. En réalité, Ingarden utilise le principe suivant :

> (PDI*) Si deux objets, X et Y, m'apparaissent comme ayant des propriétés incompatibles, alors ils sont différents.

Or, (PDI*) est manifestement discutable, voire erroné. Il me semble aussi qu'Ingarden tire une conclusion au sujet de l'existence d'objets esthétiques, à côté des objets physiques, parce qu'il croit utiliser le (PDI), tel qu'on le fait en contexte extensionnel, alors qu'il utilise en réalité le (PDI*), qui est problématique.

En effet, la même chose peut avoir des propriétés incompatibles en fonction de descriptions différentes. Supposons que X soit bien payé et Y mal payé. Si l'on utilise la description « X en tant que fonctionnaire de l'État français », son salaire est dans une tranche élevée. Si l'on utilise la description « Y en tant que professeur d'université », son salaire n'est pas enthousiasmant, puisque certains de ses collègues étrangers sont nettement mieux payés. X et Y ont des propriétés incompatibles (bien payé et mal payé). Mais X et Y peuvent cependant être *le même objet*. Il n'existe pas nécessairement, parce que les deux objets ont été décrits avec des propriétés incompatibles, un objet français, le X fonctionnaire, et un objet international, le X professeur de philosophie. Le (PDI) en contexte intensionnel (ici descriptif, marqué par le « en tant que ») nous fait ainsi courir le risque d'une inutile prolifération ontologique. Toute description en termes de propriétés incompatibles de la même chose entraînerait l'existence de deux ou plusieurs choses. N'est-il pas préférable de dire que la même chose peut être décrite de plusieurs façons, même incompatibles, plutôt que d'affirmer l'existence d'autant de choses que de descriptions incompatibles qu'on puisse faire ?

Dès lors, si le (PDI) en contexte intensionnel est problématique, (2), c'est-à-dire l'affirmation que l'objet de l'expérience esthétique est lui-même spécifiquement esthétique, est discutable, voire fausse (sauf à trouver un meilleur argument que le (PDI) pour la soutenir). J'insiste : Ingarden raisonne comme s'il se trouvait en contexte extensionnel, alors qu'il est en contexte intensionnel, puisqu'il s'intéresse à des descriptions d'objets (ou des objets intentionnels) et non à des objets physiques. Autrement dit, il fait comme s'il utilisait le (PDI), alors qu'il utilise (PDI*). Cette façon de tirer en contexte intensionnel une conclusion propre à un contexte extensionnel constitue, à mon sens, une sérieuse confusion philosophique. Je me contente ici de contester le rôle que joue cette confusion dans l'émergence de la notion d'objet esthétique, et je laisse alors aux phénoménologues le soin de se demander si cette confusion n'est pas constitutive de l'esthétique phénoménologique

Cependant, on pourrait objecter que, dans l'exemple précédent, la même personne à la fois bien payée (en tant que fonctionnaire de l'État français) et mal payée (en tant que professeur de philosophie), les propriétés retenues sont contextuelles. X est bien payé dans un contexte et mal dans un autre, mais ce sont les contextes qui sont différents, pas les propriétés qui sont incompatibles. L'objection est recevable, mais se trompe de cible. Car ce que je reproche à Ingarden est, justement, d'être insensible au contexte, dont il convient de tenir compte dans la description. Changer de contexte ne signifie pas changer d'objet. Ce qui importe est que l'application du (PDI*) rendrait impossibles les descriptions différentes *correctes* de la *même chose* grâce à la formule « en tant que… ». Cette formule, comprise comme signifiant une description[1], ne doit pas nous conduire à distinguer des objets.

---

1. Notons que « en tant que » signifie ici « décrit comme », et n'a pas la signification explicative et justificative qu'on trouve dans l'expression « parce que ». On ne dit pas que X est bien payé parce qu'il est fonctionnaire français, mais que décrit comme fonctionnaire français, il a un salaire élevé (pour un fonctionnaire français). De même quand on dit « La Vénus de Milo en tant

Selon Vincent Descombes[1], la formule «x, en tant que A, est B» doit se comprendre de la façon suivante : «x est un A, et c'est en vertu du fait qu'il est A que x est B». Ici, «en vertu du fait que» signifie «décrit comme». En revenant à l'exemple d'Ingarden, la Vénus de Milo (x) décrite comme objet physique (α) a un mamelon défectueux; la Vénus de Milo (x) décrite comme objet esthétique (β) a un mamelon parfait. Il convient de remarquer que, dans ces formules, les éléments «x en tant qu'α» et «x en tant que β» ne constituent pas une unité logique. Dès lors, il n'y a aucune raison de penser que le x dans le premier élément est différent du x dans le second. Comme le dit Elizabeth Anscombe, commentant un passage d'Aristote, la phrase «en tant que» (et à mon sens, c'est la même chose pour «décrit comme») appartient au prédicat, non au sujet[2]. Ainsi, elle doit être rapportée à «avoir un mamelon défectueux» ou à «avoir un mamelon parfait» et non à x. Le *même x* en tant qu'α peut ne pas avoir la propriété P et en tant que β avoir la propriété P.

Si Ingarden dit que «*La Vénus de Milo* en tant qu'objet physique n'est pas lisse» et «*La Vénus de Milo* en tant qu'objet esthétique est lisse», il n'a donc pas les raisons qu'il prétend, l'application du (PDI), alors même qu'il applique en réalité le principe discutable (PDI*), de penser que ce sont deux objets différents dans les deux énoncés. C'est le même, mais sous deux descriptions différentes en termes de propriétés incompatibles. Ingarden, à mon sens, ne donne pas d'argument en faveur de la thèse selon laquelle il conviendrait de distinguer

qu'objet physique », on signale le type de description qu'on en fait, on parle de la Vénus de Milo sous une description.

1. V. Descombes, *Les institutions du sens*, Paris, Minuit, 1996, p. 67, n. 56.
2. G.E.M. Anscombe, «Under a Description», *Metaphysics and the Philosophy of Mind*, Minneapolis, University of Minnesota Press, 1981, p. 208.

objet réel et objet esthétique. Il propose deux descriptions différentes de la même chose.

Pourtant, Ingarden pourrait objecter que s'il manque des bras à l'objet physique Vénus de Milo, il n'en manque évidemment pas à l'objet esthétique. Un phénoménologue malicieux dira qu'il ne manque tout de même pas *quatre* bras à l'unique Vénus de Milo, deux physiques et deux esthétiques – ce qui la métamorphoserait en une surprenante représentation de Shiva, mais sans ses bras. À la différence de l'objet physique, l'objet esthétique semble être bien comme il est, à tel point qu'on hésiterait à parler d'une absence de bras et plus encore à affirmer que *La Vénus de Milo* représente une handicapée physique. Lorsque nous regardons esthétiquement quelque chose, nous y décelons des propriétés que nous n'attribuons pas nécessairement, voire que *nous ne devons pas* attribuer à l'objet, comme l'absence de bras pour *La Vénus de Milo,* sous peine de ne pas ou plus en avoir une perception (et une description) esthétique.

Il est juste de dire que les bras de *La Vénus de Milo* ne lui manquent pas. L'idée d'une restauration qui les lui restituerait fait sourire. Cependant, on ne peut tirer de cette remarque judicieuse des conclusions philosophiques discutables au sujet de l'existence d'un objet esthétique. Qu'on puisse, sous des descriptions différentes, attribuer au même objet des propriétés incompatibles, cela suffit amplement à rendre compte de l'idée d'une description esthétique d'un objet, sans qu'on ait, en plus, à dire qu'il existe un objet esthétique, constitué dans l'expérience esthétique.

L'expérience esthétique a-t-elle un objet ?

L'erreur d'Ingarden est liée à un surprenant présupposé, compris dans la prémisse supplémentaire de son raisonnement : Toute expérience est expérience de quelque chose (*).

Le principe général d'une telle affirmation, qu'il s'agisse de la perception ou de la conscience [1], est que tout acte mental porte sur quelque chose, l'objet de cet acte. Brentano, Twardowski, Husserl et les phénoménologues en ont fait une hypothèse ; on répète maintenant cela comme l'évidence qu'elle n'est nullement. Ainsi, en partant de (1) : il existe une expérience spécifiquement esthétique, on tire (2) : il existe des objets esthétiques, grâce à la formule magique (*). Du chapeau phénoménologique sort un objet intentionnel.

Comment a-t-on raisonné ? Si nous avons une expérience, par exemple perceptive, il y a quelque chose de perçu, et ce qui est perçu peut ou non correspondre à quelque chose dans le monde. Si je perçois un éléphant rose, il y a un éléphant-rose-perçu, mais pas d'éléphant rose. Si je perçois un arbre, il y a un arbre-perçu, et un arbre qui existe bien dans le monde. Mais la chose-en-tant-que-perçue existe bel et bien, même si son mode d'existence lui est spécifique. C'est un objet intentionnel. Le phénoménologue affirme que l'objet intentionnel n'est pas un objet mental à distinguer de l'objet de la perception. Mais il reste que l'objet intentionnel ne doit pas se confondre avec l'objet physique pour être ce que vise l'intention spécifique (visée objective ou visée esthétique) à l'œuvre dans l'expérience ou la conscience.

Il est cependant à mon sens tout à fait possible de proposer une toute autre description du même phénomène, sans les implications phénoménologiques présentées comme imparables. Au lieu de dire qu'il y a un éléphant-rose-perçu, ne peut-on pas dire que, si quelqu'un voit un éléphant rose, rien n'est perçu. Ce n'est justement pas une perception, car celle-ci

---

1. La formule reçue est « Toute conscience est conscience de quelque chose ».

suppose de percevoir quelque chose dans le monde (ce qui est le cas si je vois un arbre). Si je perçois un éléphant-rose, justement je ne le perçois pas, je *crois* le percevoir. Pour croire percevoir quelque chose, il n'est pas nécessaire de percevoir un quelque-chose-perçu qui n'existe pas. Il suffit d'être incapable de s'apercevoir qu'on ne perçoit rien[1]. Je recours ici à une théorie dite « adverbiale » de la perception. Elle n'est pas sans poser des problèmes, mais pas plus, me semble-t-il, que les thèses adverses[2]. Mais pourquoi « adverbiale » ? Dans « danser un valse », l'expression « une valse » est un accusatif interne de « danser ». Il précise de quelle danse il s'agit. Les accusatifs internes sont comparables à des adverbes qui modifient les verbes (danser une valse, c'est danser valsement). Voir un éléphant rose, c'est ainsi voir éléphant-rosement et non voir un éléphant rose illusoire. C'est avoir une certaine sorte d'expérience, pas avoir une expérience de quelque chose d'une certaine sorte (une image mentale ou un objet intentionnel). Dans une expérience visuelle véridique, la cause est un élément de la réalité. Dans une expérience visuelle illusoire, la cause est différente, une drogue par exemple qui me ferait voir des éléphants roses. Cela me semble faux de penser que si je vois illusoirement quelque chose, je vois la même chose que ce que j'aurais pu voir dans une expérience véridique, sauf que l'objet n'existe pas. Remarquons que s'il n'y a pas d'objet de l'expérience illusoire, il n'y en a pas non plus de l'expérience

1. Il existe une tendance à traiter « rien » comme une expression qui doit bien référer à quelque chose pour avoir la signification qu'on lui donne dans un énoncé comme « Il n'y a rien ». Toute une tradition philosophique, de Parménide à vendredi dernier, en passant par Platon, Augustin, Frege, Heidegger et bien d'autres, s'est penchée sur le problème.

2. À ce sujet, et de façon critique pour la théorie adverbiale, voir J. Dokic, *Qu'est-ce que la perception ?*, Paris, Vrin, 2004, p. 30-34.

véridique. Nous percevons des objets, mais il est trompeur de
parler de *l'objet de notre expérience* comme si c'était un genre
d'objet particulier. C'est supposer l'immanence d'un objet
dans l'expérience. Or, les objets sont dans le monde, pas dans
l'expérience ! Et les objets de l'expérience ne se rajoutent pas à
ceux du monde[1].

Il est aussi significatif qu'Ingarden présente le cas de la
fiction comme le paradigme de ce qu'il souhaite dire au sujet
des objets esthétiques. Dans la tradition phénoménologique,
l'analyse de la perception se fait souvent dans les mêmes
termes que celle de la fiction. Dans les deux cas, on suppose
une entité, un objet intentionnel, qui serait l'objet de notre
expérience, perceptive et fictionnelle. On peut cependant
s'étonner de les retrouver dans le même sac spéculatif. Car
quand je perçois quelque chose, ce n'est justement pas quelque
chose qui n'existe pas. Et, il faut encore le dire, personne n'a
jamais perçu quelque chose qui n'existe pas, mais il a cru le
percevoir. Ingarden, dans le texte, se limite à la perception
esthétique, mais est-ce plus crédible ? Tout se passe comme si
pour lui les objets fictifs et les objets esthétiques avaient un
statut similaire à ces entités-perçues qui sont les objets de
l'expérience perceptive. Simplement ils correspondent à des
expériences fictionnelles ou à des expériences esthétiques. La
question de savoir si quelque chose, dans la réalité, leur correspond, ne se pose pas. Dans une théorie adverbiale, on récuse
totalement ce genre d'analyses qui semble reposer finalement
sur le manque d'attention à la structure grammaticale des

1. On ne parle d'« objet de l'expérience » qu'en philosophie. En montrant
une jolie fille à un ami, personne ne dit : « Tu as vu ce joli objet de mon expérience perceptive ! J'espère pour toi que tu as le même objet dans ton expérience
perceptive ». Je me demande si l'expression « objet de l'expérience » ne conduit
pas, inexorablement, à des confusions.

comptes-rendus d'expérience. On dit « Il a vu un éléphant rose » et comme « éléphant rose » est complément d'objet, on suppose un objet. On dit « Il a pensé à Mme Bovary » et on fait la même erreur. Un complément d'objet dans une analyse grammaticale d'un énoncé, cela ne fait pas un objet dans l'esprit ou un objet intentionnel.

Le phénoménologue doit encore affronter plusieurs difficultés.

1) Si réellement, l'objet physique (x) et l'objet esthétique (y) sont distincts ($x \neq y$), comment peut-il rendre compte du moindre rapport entre x et y? Si $x \neq y$, on pourrait aussi bien remplacer x non pas par *La Vénus de Milo* mais, par exemple, par tel mur en parpaings. On dirait alors « Ce mur en parpaings en tant qu'objet physique est plein de cavités » et « *La Vénus de Milo* en tant qu'objet esthétique est lisse ». Il serait difficile d'en tirer une profonde vérité sur la spécificité des objets esthétiques! Or, si $x \neq y$, les formules précédentes ne sont pas si différentes de ces deux autres : « La Vénus de Milo en tant qu'objet physique est pleine de cavités » et « *La Vénus de Milo* en tant qu'objet esthétique est lisse ».

2) Contrairement à ce que dit Ingarden, n'est-ce pas seulement si x reste la même chose sous des descriptions différentes qu'il convient de s'étonner de pouvoir lui attribuer ainsi des propriétés incompatibles? Si l'attitude cognitive et l'attitude esthétique ne portaient pas sur le même objet, nous ne pourrions même pas dire que l'historien de l'art, dont la démarche est cognitive, n'appréhende pas la valeur esthétique de son objet, ce que pourtant suggère Ingarden. En effet, l'objet de l'historien de l'art n'aurait aucune propriété esthétique puisqu'il n'est pas, par principe, un objet esthétique.

Propriétés esthétiques et non esthétiques

Certains philosophes, dont Ingarden, affirment que l'objet esthétique est irréductible à l'objet réel et matériel avec lequel une conception cognitive de l'expérience esthétique tend à l'identifier. Or, il existe de sérieuses raisons de penser que l'objet de l'expérience esthétique – en laissant de côté ce que l'on pourrait dire à l'encontre de cette notion elle-même – est identique à l'objet de nos activités ordinaires et de notre connaissance. Si l'on attribue les propriétés esthétiques au seul objet esthétique, cela n'implique-t-il pas qu'elles sont indépendantes des caractéristiques non esthétiques, physiques principalement, des objets non esthétiques avec lesquels, selon Ingarden, on les identifie à tort ? À supposer même qu'il ait raison, alors des modifications, même radicales, des propriétés non esthétiques d'un objet physique devraient être sans conséquence sur les propriétés esthétiques de l'objet esthétique. Par exemple, il serait possible de compléter la Vénus de Milo physique, à laquelle les bras font défaut, sans que cela change quoi que ce soit à *La Vénus de Milo* esthétique. Ou bien, nous pourrions traduire l'un des sonnets de Shakespeare sans que cela change quoi que ce soit à ses propriétés esthétiques. Nous pourrions également modifier allégrement l'orchestration d'une œuvre musicale, *Les sept dernières paroles du Christ* de Haydn, sans que cela modifie en rien sa valeur esthétique. Nous pourrions changer la couleur des vêtements des deux danseuses du duo dansé *Annonciation* de Preljocaj. Nous pourrions indifféremment agrandir ou rapetisser la taille d'un tableau sans que cela ait le moindre effet sur notre perception esthétique et les propriétés esthétiques attribuées. Or, nous ne pouvons rien faire de tout cela sans qu'au contraire les propriétés esthétiques soient modifiées ou disparaissent. Il paraît donc plausible de penser qu'il existe une relation de dépen-

dance entre les propriétés physiques et les propriétés esthétiques des œuvres d'art. Dire que l'œuvre d'art a des propriétés
esthétiques que l'objet matériel n'a pas, et inversement, signifie qu'il existe différentes descriptions de la même chose, non
pas deux choses différentes qu'on identifierait malencontreu-
sement. C'est ce que montre la co-variation des propriétés
esthétiques et des propriétés matérielles de l'objet matériel.

Il existe une relation entre les propriétés non esthétiques
d'un objet et ses propriétés esthétiques. Dans les dernières
années, certains philosophes en ont parlé en termes de survenance. La notion recouvre des conceptions variables, avec des
implications métaphysiques parfois très différentes[1]. À mon
sens, elle signifie que les propriétés esthétiques dépendent des
propriétés non esthétiques et co-varient avec elles, sans que les
premières, esthétiques, se réduisent jamais aux secondes, non
esthétiques. Il n'y a pas de différence de propriétés d'une certaine sorte (non esthétique ou esthétique) sans différence d'une
autre sorte (esthétique ou non esthétique). Mettons des bras à
La Vénus de Milo, traduisons les *Sonnets* de Shakespeare[2],
orchestrons différemment *Les sept dernières paroles* du Christ
de Haydn, changeons la couleur des vêtements des deux
danseuses de l'*Annonciation* de Prejlocaj, et nous aurons des

---

1. Voir F. Sibley (où la notion se trouve sans le terme) : « Aesthetic and
Non Aesthetic » (1965), dans *Approach to Aesthetics*, Oxford, Clarendon Press,
2001 ; J. Levinson, « Aesthetic Supervenience » dans *Music, Art, and Metaphysics*, Ithaca, Cornell UP, 1990 ; R. Pouivet, *L'Ontologie de l'œuvre d'art*,
Nîmes, J. Chambon, 2000, chap. VI, « La survenance des propriétés esthétiques » (et la critique qu'en fait F. Nef, *Les propriétés des choses*, Paris, Vrin,
2006, deuxième partie, chap. IV, « À propos de la double survenance des
propriétés esthétiques »), N. Zangwill, « Aesthetic Supervenience Defended »,
dans *The Metaphysics of Beauty*, Ithaca, Cornell UP, 2001.

2. Ce qui signifie avoir un *autre* texte, bien sûr, même si c'est la *même*
œuvre – ce qui reste en plus discutable.

différences esthétiques. Nous aurons même d'autres œuvres ; nous aurons des variations sur les premières œuvres, avec des auteurs différents. C'est que l'œuvre d'art n'est pas autre chose que l'objet physique sur lequel elle survient et qu'au moins certaines modifications physiques de l'objet ont un effet esthétique radical.

Ce n'est pas que nous ne puissions modifier aucune propriété physique d'une œuvre d'art sans avoir une autre œuvre. Ou alors, il deviendrait impossible d'accepter aucune restauration des œuvres d'art plastiques. L'œuvre peut correspondre à un ensemble d'états physiques variables de l'objet matériel sur lequel elle survient. Il peut parfois être difficile de déterminer quelles sont les limites précises de cet ensemble. Cela entraîne des controverses entre les experts chargés de restaurer. Des discussions peuvent aussi s'élever au sujet d'une orchestration, d'une traduction, d'une chorégraphie, d'une post-synchronisation, etc. Ce que je soutiens est que certaines propriétés physiques sont constitutives de l'œuvre d'art, et que certaines de ses propriétés esthétiques ne surviennent plus si les premières manquent ou si elles sont remplacées par d'autres. Mais l'œuvre ne flotte pas au dessus d'un objet matériel, elle n'y habite pas comme dans un corps étranger ; elle n'est pas l'âme d'un objet physique qu'elle transcende.

Les propriétés esthétiques sont alors celles des objets physiques – un morceau de marbre, un texte, une suite de sons. Mais elles ne le sont pas aussi directement que les propriétés non esthétiques physiques. Survenir sur les premières implique certaines médiations, dues fondamentalement à la dépendance des propriétés esthétiques à l'égard de la réponse d'une personne. Cela suppose que cette personne en soit capable, qu'elle ait acquis les dispositions grâce auxquelles cette réponse est non seulement possible mais appropriée. Les propriétés esthétiques peuvent fort bien être réelles et dépendre pourtant d'une capacité de certaines réponses appropriées de la part d'une certaine sorte d'êtres, tels que nous sommes, nous, êtres humains vivants dans des communautés. Devant le même morceau de marbre, quelqu'un peut ainsi ne percevoir que des propriétés non esthétiques, et une autre personne des propriétés esthétiques. Mais cela ne suppose pas du tout que les deux perçoivent des objets différents, pour l'un un objet physique, pour l'autre un objet esthétique. Il suffit que sur la perception des mêmes propriétés physiques et phénoménales *du même objet* ne survienne, dans un cas, aucune propriété esthétique, et qu'il en survienne dans l'autre.

Puisqu'elles dépendent d'une réponse appropriée, les propriétés esthétiques sont extrinsèques. Quelque chose ne peut les avoir qu'en relation à une autre chose laquelle possède certaines propriétés. Les propriétés esthétiques ne sont pas intrinsèques, comme la propriété d'avoir une certaine forme par exemple, qu'une chose a indépendamment de tout autre chose. Mais elles ne sont pas flottantes, au sens où elles ne seraient pas liées à une chose physique : elles sont bien reliées à des propriétés non esthétiques par une relation de survenance et une réponse appropriée. On peut je crois parler d'une double survenance, sur les propriétés non esthétiques subvenantes et sur des propriétés dispositionnelles d'une personne. Pour être survenantes et extrinsèques, les propriétés esthétiques n'en sont pas moins des propriétés réelles d'objets réels. *La Vénus de Milo* physique a des propriétés qui ne se manifestent que par son fonctionnement esthétique. Ce fonctionnement repose sur la capacité d'une personne à attribuer à cet objet physique des propriétés esthétiques qu'il possède réellement, qui sont liées à ses propriétés non esthétiques, mais qui entrent aussi dans un contexte bien plus large que les propriétés physiques d'un objet. Ce contexte comprend des caractérisations fonction-nelles, historiques, culturelles, etc. Par exemple, *La Vénus de Milo* est une statue, et pas simplement un morceau de marbre, elle est d'un certain style, elle est comparable à d'autres statues, c'est Vénus, etc. La réponse appropriée est liée aux compétences dont dispose une personne pour faire fonctionner esthétiquement un objet. Mais cela ne revient pas à changer d'objet ou à constituer un objet qui se surajoute au premier. Surtout, dans tout ce processus, contrairement à ce que dit Ingarden, l'objet physique n'est pas (au mieux) qu'un point de départ auquel se substitue, par la grâce de l'expérience esthé-tique, un tout autre objet. La compétence esthétique consiste bien au contraire à savoir faire fonctionner esthétiquement l'objet le plus commun – et non un objet esthétique – en passant des propriétés physiques et phénoménales aux propriétés esthétiques, qu'elles soient ou non évaluatives.

Aussi bien implantée qu'elle soit dans l'esthétique d'inspiration phénoménologique, et au-delà, la notion d'objet esthétique me semble trompeuse. Que l'œuvre d'art soit un objet esthétique, « constitué » dans une expérience spécifique-ment esthétique, cela me paraît faux. Dès lors, il n'est pas possible d'opposer à la définition de l'art comme substance artefactuelle fonctionnant esthétiquement « l'évidence » que l'œuvre d'art n'existe pas comme telle, qu'elle est constituée par et dans l'attitude esthétique que nous adoptons à l'égard de certains objets du monde, comme on le dit parfois. Dans un monde sans êtres humains, il n'y aurait pas d'œuvres d'art. Mais que les œuvres d'art soient des produits d'un mode particulier de perception est, en revanche, des plus improbable.

TEXTE 2

GREGORY CURRIE
L'œuvre d'art est-elle un événement ? *

La distinction entre type et occurrence s'applique aux
actions et à d'autres événements. (Je considère les actions
comme une sous-classe d'événements). En un sens, le même
événement peut apparaître plus d'une fois. Dès lors, nous
avons plusieurs occurrences du même type d'événement. À

---

* G. Currie, *An Ontology of Art*, Londres, Macmillan, 1989, p. 66-71. Le
chapitre et la section dont ce texte est extrait sont intitulés : « Les œuvres d'art
comme action-types ». Après la parution de *An Ontology of Art*, G. Currie s'est
détourné de la problématique propre à ce livre. Comme il me l'a confirmé, il a
aujourd'hui moins d'intérêt pour la question d'une caractérisation générale de
l'art. En revanche, il est devenu l'un des principaux spécialistes d'une esthétique et d'une philosophie de l'art liées aux sciences cognitives (avec un intérêt
pour la théorie du développement et de l'évolution), et aussi à la sémantique et
à la pragmatique (au sujet des fictions, principalement, dans *The Nature of
Fiction*, Cambridge, Cambridge UP, 1990). Il a particulièrement développé une
importante théorie de l'imagination comme simulation : *Image and Mind :
Film, Philosophy and Cognitive Science*, Cambridge, Cambridge UP, 1995 ;
Recreative Minds : Imagination in Philosophy and Psychology (avec
I. Ravenscroft), Oxford, Oxford UP, 2003. Voir aussi *Arts & Minds*, Oxford,
Clarendon Press, 2004. Nous traduisons.

des fins de précision dans la discussion, je vais adopter le modèle d'une théorie des événements claire et pratique, celle de Jaegwon Kim[1]. Même si elle pose des problèmes que je ne discuterai pas ici, c'est une bonne théorie. J'espère que ce que je vais dire au sujet des œuvres d'art dans le contexte de la théorie de Kim pourrait être traduit dans une théorie des événements encore meilleure, si elle existe.

Pour Kim, l'occurrence événementielle la plus simple possède trois éléments constitutifs : un individu, une propriété et un moment. Nous allons signaler les expressions qui désignent des événements en ajoutant * à chacune de leurs extrémités. *Jean chante au moment t* est un événement constitué d'un individu, Jean, d'une propriété x *chante,* et d'un moment t. Un événement peut être quelque chose qui apparaît pendant un intervalle de temps, par exemple *Jean chante entre t^1 et t^2*. Dès lors, le moment constitutif est un intervalle plutôt qu'un instant. (Dans ce qui suit, je ne ferai pas de distinction entre instants et intervalles. Pour simplifier la discussion, je supprimerai aussi parfois complètement la référence au temps).

Les événements peuvent être relationnels. *Roger bat Christophe aux échecs au moment t* est un événement ayant deux objets constitutifs, Roger et Christophe, et une relation constitutive (une propriété à deux places), x *bat* y *aux échecs*[2]. Supposons maintenant que Roger utilise une certaine stratégie S pour battre Christophe. Alors *Roger bat Christophe aux échecs en utilisant la stratégie S au moment t* est un événement dont on peut penser qu'il possède quatre éléments :

1. J. Kim. « Events as Property Exemplifications », dans M. Brand and D. Walton (ed.), *Action Theory*, Dordrecht, Reidel, 1976 ; rééd. dans J. Kim, *Supervenience and Mind*, Cambridge, Cambridge UP, 1993.

2. Je me suis permis d'adapter les prénoms utilisés à la traduction française [N.d.T.].

Roger, Christophe, une stratégie *S* et une relation à trois places *x bat y en utilisant la stratégie z.*

Venons en à un exemple plus pertinent, considérons l'événement suivant : la composition par Beethoven de la *Sonate pour piano forte.* Pour une part, cet événement suppose que Beethoven découvre une certaine structure sonore. On pourrait avoir un récit portant sur les circonstances effectives de cette découverte par Beethoven. Il explicite en quel sens Beethoven est parvenu à ce qu'il cherchait. S'il a agencé les idées musicales en n'ayant aucune honte de se livrer à un simple plagiat, sa réussite n'est pas grande. S'il a fait preuve d'originalité dans l'invention mélodique et d'une véritable hardiesse dans l'harmonisation, cette réussite est considérable. On peut maintenant introduire la notion de *chemin heuristique.* [...]

Quand nous indiquons quel a été le chemin heuristique d'un compositeur jusqu'à une certaine structure sonore, nous précisons les faits esthétiques pertinents relativement à ses actions dans sa progression vers la structure sonore. Ainsi, en indiquant le chemin heuristique de Brahms jusqu'à la *Sonate pour piano Opus 2,* nous préciserons, entre autres choses, l'influence de la composition de Liszt sur Brahms. Cette idée s'applique manifestement aux autres formes artistiques. En indiquant le chemin heuristique d'un auteur jusqu'à la série de mots qu'est son texte, nous préciserons quelles influences se sont exercées sur lui, les sources de ses idées, les conventions du genre auxquelles il s'est conformé[1].

La tâche consistant à indiquer le chemin heuristique suivi par un artiste vers une certaine structure est à l'évidence une

---

1. Voir l'étude de l'influence de Richardson sur Jane Austen par J. Harris (« "As if they had been Living Friends" : *Sir Charles Grandison into Mansfield Park* », *Bulletin of Research in the Humanities*, 83, 1980).

question de minutie dans la reconstruction rationnelle de
l'histoire de sa pensée créatrice, pour autant que l'information disponible nous le permette. La difficulté d'appréciation
d'œuvres issues de cultures éloignées ou perdues tient pour
une part à l'absence presque totale de matériaux sur lesquels
une telle reconstruction peut se fonder. Même dans les cas les
plus favorables, l'œuvre de reconstruction peut difficilement
être faite avec l'assurance d'être complet. Il reste que pour les
critiques, la compréhension aussi complète que possible de
l'histoire de la production d'une œuvre constitue une partie
essentielle de leur tâche. Ils cherchent aussi à en tirer une représentation des problèmes artistiques rencontrés par le créateur
et des méthodes utilisées pour les résoudre. En bref, ils indi-
quent quel a été le chemin heuristique de l'artiste. Cela ne
constitue pas simplement un supplément utile à l'activité
du critique, mais c'en est une partie intégrante. Le chemin
heuristique est constitutif de l'œuvre elle-même.

On peut considérer que *La composition par Beethoven
de la *Sonate pour piano forte** a trois éléments constitutifs :
Beethoven, la structure sonore de l'œuvre et le chemin
heuristique suivi par Beethoven jusqu'à la structure sonore.
Pour indiquer l'événement en question, il suffit d'ajouter à ces
trois choses la relation à trois places *x découvre y via le chemin
heuristique z* et le moment *t* de la composition. Une notation
utile peut maintenant être introduite.

Avec Kim, nous dirons que [*A*, **P**, *t*] dénote l'événement
suivant : l'objet *A* a la propriété **P** au moment *t* (les propriétés et
les relations seront dénotées par les lettres en gras). Un événement relationnel peut être exprimé par [*A*, *B*, **R**, *t*] : l'événement **A* ayant la relation **R** à *B* au moment *t**. Nous pouvons
alors représenter l'événement *La composition par Beethoven
de la *Sonate pour piano forte** par [*B*, *S*, *H*, **D**, *t*], avec *B* pour

Beethoven, S pour la structure sonore de l'œuvre, H pour le chemin heuristique de Beethoven vers S, **D** pour la relation (à trois places) *x découvre y via le chemin heuristique z,* et *t* pour le moment de la composition.

Il est temps d'introduire la distinction entre types et occurrences. Supposons que Roger chante au moment t_1 et Christophe chante au moment t_2. Nous avons deux occurrences du même type d'événement. On peut respectivement les représenter ainsi : $[R, \textbf{C}, t_1]$ et $[C, \textbf{C}, t_2]$. Ce qu'ont en commun les deux événements, si nous soustrayons les identités de leurs objets constitutifs et les moments d'occurrence, c'est le type dont ces événements sont des occurrences. Un tel type d'événement sera alors dénoté par $[x, \textbf{C}, \tau]$, formule dans laquelle le x et le τ sont des variables qui remplacent respectivement des objets et des moments déterminés. (On utilisera τ comme une variable de temps.)

Si nous avons alors un événement relationnel comme *Roger bat Christophe aux échecs au moment *t**, lequel peut être représenté par $[R, C, \textbf{B}, t]$, nous pouvons en abstraire le type d'événement, *victoire au échecs,* dont il peut y avoir de multiples occurrences. Ce type, nous le représentons par « $[x, y, \textbf{B}, \tau]$ ». Une même occurrence d'événement peut être une occurrence de plusieurs types distincts. *Roger bat Christophe aux échecs* est aussi une occurrence du type *victoire de Roger aux échecs,* qu'on peut représenter par $[R, y, \textbf{B}, \tau]$, et une occurrence du type *défaite de Christophe aux échecs,* qu'on peut représenter par $[x, C, \textbf{B}, \tau]$. Ces deux derniers types d'événements ont deux éléments constitutifs. Ils sont tous deux partiellement constitués par la relation *x bat y aux échecs* (**B**) ; l'un est partiellement constitué par l'objet Roger et l'autre par l'objet Christophe.

Soit l'événement musical $[B, S, H, \mathbf{D}, t]$. C'est une occurrence d'événement dont, par notre processus d'abstraction, nous pouvons dériver plusieurs types d'événements distincts. C'est le cas pour le type représenté par $[x, S, H, \mathbf{D}, \tau]$. Il s'agit du type d'événement *découverte de S via le chemin heuristique H*. Il peut y avoir de multiples instances de ce type d'événement, chaque fois qu'on choisit une paire pour remplacer x et τ. L'une des instances de ce type est l'acte de découverte fait par Beethoven lui-même. Cet événement a réellement eu lieu. […]

Je propose alors d'identifier la *Sonate pour piano forte* de Beethoven au type d'événement $[x, S, H, \mathbf{D}, \tau]$. En général, une œuvre d'art sera un type d'action avec deux « places ouvertes » (l'une pour une personne, l'autre pour un moment) et trois éléments constitutifs : une structure, une heuristique et la relation *x découvre y au moyen de z*. Ce dernier élément ($\mathbf{D}$) est constant dans toutes les œuvres d'art. Ce sont les deux autres qui servent à distinguer les œuvres d'art les unes des autres. Dès lors, ce sont elles dont je dirais qu'elles sont constitutives de l'œuvre, en omettant $\mathbf{D}$. On dira que ce sont les « éléments constitutifs » de l'œuvre.

COMMENTAIRE

L'œuvre d'art comme substance ou l'œuvre d'art comme événement ?

Selon la thèse que je défends, les œuvres d'art seraient des substances artefactuelles dont la *quasi-nature* est déterminée par un mode de fonctionnement spécifique relatif à des personnes vivant dans un monde culturel. Dans la langue courante, le terme « substance » est utilisé pour désigner une matière caractéristique. Quelqu'un palpe un tissu dont la souplesse le surprend et dit : « Quelle drôle de substance ! ». Les philosophes ont fait de multiples usages de ce terme, dont l'histoire se confond avec celles des conceptions métaphysiques, et particulièrement ontologiques (portant sur ce qui existe). Pour ma part, je dirai qu'une substance est une entité particulière concrète, qui est un objet, et peut être artificielle ou naturelle. La Figure de la page 105 donne, je l'espère, une idée de ce qu'est une substance [1]. Ce n'est pas une manière d'être (en gros, une espèce, comme être un lapin, un tournevis, un trou), ni une propriété (être rouge) ou une relation (être à côté de), rien d'universel et valant pour de multiples choses (il existe de

---

[1]. Voir aussi R. Pouivet, « Manières d'être », *Cahiers de Philosophie de l'Universite de Caen*, n°38-39, 2002.

nombreux lapins, tournevis, trous, beaucoup de choses rouges
et de choses les unes à côté des autres). Une substance est une
entité particulière, on dira un particulier[1]. Les particuliers
peuvent ou non avoir des propriétés spatio-temporelles. Dans
le premier cas, ils sont concrets, dans le second, ils sont abstraits
(les anges). Ils peuvent ou non être des objets. À défaut, ce
sont, par exemple, des parties ou des moments des entités particulières concrètes (mon côté gauche, mon réveil). Pour être des
objets, ils n'en sont pas pour autant forcément des substances.
Pensons aux trous, aux surfaces et *aux événements,* qui vont
bientôt beaucoup nous occuper. Certaines substances sont naturelles, des choses ou des organismes, qui peuvent eux-mêmes
être des animaux non rationnels ou des personnes. D'autres
sont artificielles ou artefactuelles, faites par les hommes[2].

Certains métaphysiciens ont contesté la notion de
substance. En gros, son rejet peut prendre deux formes bien
différentes. Dans l'une, ce qui existe est fort différent de ce que
propose à cet égard la Figure de la page suivante. Elle indique
en effet que les universaux dépendent ontologiquement (pour
leur existence) des particuliers, les entités abstraites dépendent
des concrètes, les objets non substantiels des substances, les
substances artificielles des naturelles, c'est-à-dire des
personnes. Or certains philosophes affirment, par exemple,
que ce qui existe *vraiment* ce ne sont pas des objets concrets,
mais des événements[3].

1. Voir R. Pouivet : « Apologie du particulier », dans J.-M. Monnoyer (éd.),
La structure du monde : objets, propriétés, états de choses, Paris, Vrin, 2004.

2. L'artificialité suppose l'artefactualité, mais le contraire n'est pas vrai :
un artefact peut en effet être constitué de choses naturelles, comme un jardin ou
un gâteau (surtout s'il est « bio »).

3. On peut aussi avoir une ontologie de *qualia* (des abstraits particuliers)
qui, agrégés, formeraient des particuliers concrets, comme dans *La structure*

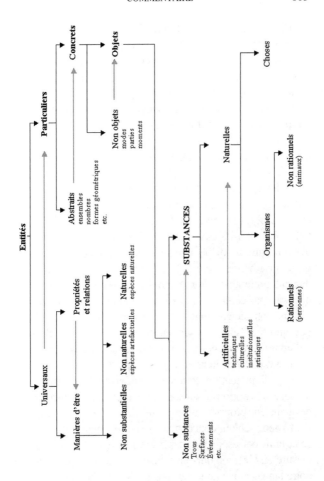

de l'apparence de N. Goodman (3ᵉ éd. 1977, trad. fr. J.-B. Rauzy (dir.), Paris, Vrin, 2004). Ou encore une ontologie dans laquelle les propriétés concrètes (ce vert) – on les appelle des « tropes » – sont constitutives des objets.

Les substances seraient en réalité des occurrences particulières de types d'événements, ou, comme je dirai, d'événements-types. Il est peu naturel de considérer son meilleur ami,
son chien, voire sa voiture, comme une occurrence particulière
d'un événement-type. L'ontologie proposée dans la Figure
ci-dessus est, je crois, celle du sens commun : elle systématise
nos présuppositions ontologiques spontanées, selon lesquelles
il existe des entités persistantes, des substances individuelles,
des « continuants », comme des personnes humaines, des
rochers, des fleurs, des voitures, des œuvres d'art. Cependant,
les philosophes qui contestent cette conception affirment aussi
que son attribution au sens commun, sous une forme implicite,
est discutable. « Grand bien fasse au sens commun d'avoir de
telles présuppositions », disent d'autres métaphysiciens, il y a
des conceptions qui, par leur systématicité, précision, applica-
bilité aux théories scientifiques contemporaines, sont gran-
dement préférables. Par exemple, la mécanique quantique
ne serait pas compatible avec une ontologie substantialiste[1].
Les métaphysiciens sont là pour réformer notre ontologie et,
pourquoi pas, en proposer une meilleure que celle du sens
commun (s'il existe et s'il en a une), voire pour trouver la bonne.

L'autre forme du rejet de la métaphysique substantialiste
conteste la prétention de toute métaphysique, substantialiste
ou non. Si la notion de substance (ou tout autre, d'événement,
de qualité, de propriété, d'universel, de particulier, etc.) appartient à notre schème conceptuel ou à notre schème linguistique,
ceux-ci ne correspondent pas à une réalité tout faite. Dans la
mesure où c'est toujours en termes de nos concepts, voire de
notre langage, que nous pensons la réalité et en parlons, c'est

---

1. Voir P. Simons, « A Farewell to Substance : A Differenciated
Leave-Taking », dans D.S. Oderberg (ed.), *Form and Matter : Themes in
Contemporary Metaphysics*, Oxford, Blackwell, 1999.

une illusion, constitutive de tout projet ontologique et métaphysique, de prétendre penser ou parler des choses telles qu'elles sont. Contester ainsi l'idée même d'ontologie et de métaphysique, c'est être *anti-réaliste*. La réalité est une construction mentale, conceptuelle, linguistique, en tous les cas rien qui soit indépendant de nous, rien qui constitue l'aménagement fondamental du monde, une notion au sujet de laquelle le scepticisme peut se muer en ironie.

Cependant, la critique de l'anti-essentialisme de Weitz suggère que la prétention de dire des choses ce qu'elles sont n'est pas une illusion aussi manifeste que le croient les anti-réalistes. Pourquoi identifier l'idée, généralement empruntée à Wittgenstein, que la signification d'un terme est son usage, avec le rejet du réalisme et de tout projet ontologique ? Cependant, discuter l'anti-réalisme n'est pas ici mon affaire. En revanche, je me propose d'examiner le projet de réformer la définition commune de l'œuvre d'art, celle que je prétends formuler (p. 65). Il a pris une forme particulièrement attractive dans *An Ontology of Art* de Gregory Currie. Qu'est-ce qu'une œuvre d'art ? Currie répond : [x, *S*, *H*, **D**, τ]. La formule requiert quelques explications, au terme desquelles je souhaiterais avoir montré que, même si la conception qu'elle sous-tend n'est pas sans attrait, elle ne fait pas l'affaire. Nos intuitions communes, substantialistes à mon sens, peuvent être conservées.

Œuvre d'art $=_{DF}$ *[X, S, H, **D**, τ]*

Quand Beethoven compose la *Sonate pour piano forte,* il découvre une certaine structure sonore[1]. Pour cela, il suit ce

---

1. Sur cette notion, voir J. Levinson, « Qu'est-ce qu'une œuvre musicale ? », trad. fr. J.-P. Cometti et R. Pouivet, *L'art, la musique et l'histoire*, Paris, L'éclat, 1998.

que Currie appelle un « chemin heuristique ». En l'occurrence, c'est le processus grâce auquel Beethoven parvient à cette structure sonore. Un critique d'art, voire un historien, peut en rendre compte. Même si cela n'en donne pas une explication, au sens d'une règle ou d'une loi que l'artiste aurait suivi, on peut indiquer quelles étaient les intentions de l'artiste, ce dont il s'est inspiré, quels problèmes il a résolus[1]. S'il n'existe pas de méthode uniforme pour produire des œuvres d'art, pas plus qu'il n'en existe pour produire des théories scientifiques ou faire de bons petits plats, en revanche, dans l'activité artistique, on trouve des processus rationnels dont la reconstruction, par le critique ou l'historien est, jusqu'à un certain point, possible. Si les œuvres d'art ne sont pas des effets nécessaires de certaines causes qu'il nous serait loisible de formuler impeccablement, on peut cependant indiquer, avec plus ou moins de bonheur herméneutique, quel chemin heuristique l'artiste a suivi. Currie précise que la difficulté est plus grande dans le cas de cultures étrangères ou très éloignées dans le temps[2]. Ce qui nous manque alors n'est pas une information facultative à l'appréhension de l'œuvre, et à son appréciation, mais l'un des éléments constitutifs. L'œuvre d'art n'est donc pas seulement constituée d'un individu (x, l'artiste), et d'une structure (S, celle de l'œuvre comme produit fini), mais aussi d'une heuristique (H), le processus qui a conduit cet artiste à la production de telle œuvre.

L'œuvre d'art doit aussi être caractérisée comme un *événement-type*. On passe du type, par exemple le mot

1. Voir M. Baxandall, *Formes de l'intention*, trad. fr. C. Fraixe, Nîmes, J. Chambon, 1991.

2. Cette étrangeté peut être bien plus grande pour certaines œuvres contemporaines que pour des œuvres issues de cultures exotiques ou anciennes, me semble-t-il.

« rouge », à une occurrence de ce type (la première occurrence du mot « rouge » dans cette phrase) en indiquant de quelle entité spatiale et temporelle nous parlons. L'occurrence est destructible (mon lecteur peut faire un trou à la place du premier mot « rouge » dans la phrase précédente, s'il tient à s'en assurer, mais l'ouvrage ne lui sera cependant pas remboursé), le type ne semble pas l'être[1]. L'œuvre d'art n'est pas un objet concret comme une sculpture ou un morceau de musique – pour autant qu'on tienne ce dernier pour un objet sonore, pas moins concret qu'une sculpture – ou encore les mouvements de danseurs, considérés comme un objet complexe et articulé. L'œuvre d'art n'est dès lors pas une substance artefactuelle. En revanche, une œuvre d'art comprend, *à titre constitutif,* le processus (*H*) par lequel un artiste est parvenu à la découverte (**D**) d'une certaine structure (*S*), à un moment donné (*t*), et l'ensemble forme un type (d'action ou d'événement). Appréhender ou apprécier une œuvre, ce n'est pas seulement être en présence d'un objet, pictural, sculptural, sonore, textuel, spatial ou constitué de mouvements. C'est saisir l'occurrence d'un événement-type comprenant la façon dont un artiste est parvenu à la découverte d'une structure *via* un chemin heuristique.

Ne pourrait-on pas alors imaginer que deux artistes parviennent au même produit fini en produisant deux occurrences du même événement-type, et donc la même œuvre ?

---

1. Le type n'est donc pas nécessairement une entité abstraite distincte des occurrences. Il peut être conçu comme l'ensemble des propriétés que les occurrences partagent du fait d'être les occurrences de tel type. Le type « Drapeau français » n'est rien d'autre que la propriété, possédée par certains oriflammes, d'être constitués de trois bandes, l'une bleue, l'autre blanche et la dernière, extérieure, rouge. Cependant, la nature des types, entités abstraites ou non, est sujette à controverse.

Cette question est parfois soulevée en demandant au lecteur d'imaginer une Terre-jumelle, comme contrepartie de notre Terre. Sur Terre-Jumelle, un artiste-jumeau (un double, une contrepartie, un «*Doppelgänger*») aurait produit une œuvre similaire à celle produite sur notre terre par un artiste. On parle aussi d'une œuvre d'art (actuelle) dans un monde possible, presque identique au nôtre (actuel). Un artiste y aurait produit une œuvre en tous points similaires à l'une de celles qui se trouvent dans l'un de nos musées. Cependant, même si on reste sceptique face aux notions de contrepartie et de monde possible dont la métaphysique analytique nous a régalés ces derniers temps, certains phénomènes fort communs soulèvent des questions du même ordre. Pensons aux copies des tableaux. Pensons aussi aux réactions devant certaines œuvres contemporaines. En face d'elles, certains sont tentés de dire «Mais n'importe qui peut en faire autant!». Ils veulent dire qu'il pourrait ainsi y en avoir de multiples instances, avec d'autres auteurs, et parmi eux des personnes qui ne sont pas des artistes, à moins que tout le monde le soit – ce que d'aucuns sont prêts à affirmer. D'autres remarquent le caractère stéréotypé de certaines œuvres. Elles se ressemblent tant qu'on ne voit plus ce par quoi elles diffèrent les unes des autres. Chaque musée français n'a-t-il pas son monochrome, qu'il soit bleu, blanc ou rouge? On en a vu un, on les a tous vus, non?[1]. Mais ne convient-il pas de blâmer de telles réactions? Ne sont-elles pas béotiennes et odieuses? Peut-être sont-elles aussi, voire surtout, le résultat d'une forme de substantialisme spontané,

---

1. Sans parler du n^e ready-made, de la n^e installation comprenant un poubelle et un téléviseur, de la n^e peinture dégoulinante, de la n^e exposition de photographies floues de passants hagards dans une grande ville, du n^e spectacle de danse où l'on se déshabille et se rhabille après s'être copieusement roulés l'un sur l'autre…

conduisant à concevoir les œuvres comme le résultat de l'activité artistique, mais en laissant le processus ou chemin heuristique par lequel on y est parvenu en dehors de l'œuvre.

Pourtant deux œuvres ne sont pas *la même* parce que le résultat de deux activités artistiques sont similaires. Les chemins heuristiques diffèrent. Le résultat d'une heuristique est peut-être le même, du moins il est impossible à distinguer de celui d'une autre, mais ce n'est pourtant pas la même œuvre. Dès qu'on conçoit l'œuvre comme événement-type, la différence peut même être très grande. Un tableau et sa copie ont la même structure picturale, mais ce ne sont pas les mêmes œuvres, l'événement-type diffère puisque le chemin heuristique est différent. Dans un cas, c'est faire une œuvre et dans l'autre faire la copie d'une œuvre. Deux choses nettement différentes. Face à certaines réactions déçues, agacées parfois, quand elles ne sont pas moqueuses, à l'égard d'œuvres que « n'importe qui peut faire » ou qui semblent si stéréotypées qu'on ne peut pas ou à peine les distinguer les unes des autres, ne serait-ce pas la conception substantialiste, majorant l'importance de l'objet, qui est à la source de réactions aussi *inappropriées* ? Une ontologie d'événements-types, telle qu'elle se trouve chez Currie, pourrait être bien plus adaptée à l'appréhension et à l'appréciation de la plupart des œuvres, dans la production moderne et contemporaine. S'en tenir à l'objet, n'est-ce pas, bien souvent, rater l'œuvre ? *Le philosophe en méditation* n'est pas l'œuvre, pas plus que la série de sons entendus à l'audition des *Variations Goldberg*, les mouvements des danseurs dans *Le fils prodigue*, le texte du *Choix de Sophie*, le CD *Kid A*, c'est un composant de l'œuvre qui comprend aussi Rembrandt, Bach, Balanchine, Styron, Radiohead, comme ayant découvert des structures picturale, musicale, spatiale, textuelle et musicale encore, au moyen de chemins heuristiques particuliers, ce qui conduit à certaines réalisations à certains moments. Une œuvre d'art est une action en tant que type, une action-type.

Notons que pour Currie S, H et D sont constitutifs seuls de l'œuvre. D est une constante. Quelle qu'elle soit, picturale, musicale, qu'il s'agisse d'un ballet, d'un roman, d'un film, comme type *une œuvre n'est pas un objet physique*. Certes, nous avons tendance à penser que l'œuvre est une entité physique, unique, mais quelqu'un d'autre que Rembrandt ou Beethoven aurait pu parvenir à la même structure picturale ou sonore, à un autre moment, en suivant le même chemin heuristique. On aurait alors plusieurs occurrences (physiques, cette fois) de la même œuvre. Toutes les œuvres d'art peuvent avoir plusieurs instances ou occurrences. Cela vaut aussi bien pour les œuvres musicales, les romans, les gravures que pour les tableaux ou les sculptures. Currie défend un monisme artistique : il n'existe qu'une seule sorte d'œuvres d'art. Si toutes sont non physiques, toutes susceptibles d'occurrences multiples, certaines peuvent n'en avoir qu'une, les tableaux par exemple. Mais d'être unique est une propriété contingente de certaines œuvres d'art, pas une caractéristique fondamentale.

Currie défend ainsi deux thèses : l'une est l'*Action Type Hypothesis* (ATH), selon laquelle toutes les œuvres d'art sont de la même catégorie : des événements-types, et l'*Instance Multiplicity Hypothesis* (IMH), selon laquelle n'importe quelle œuvre peut toujours avoir de multiples instances, même s'agissant d'un tableau. L'IMH n'entraîne pas l'ATH, puisqu'elle est compatible avec d'autres définitions, non événementielles, de l'œuvre d'art [1]. En revanche, même si l'ATH n'entraîne pas l'IMH, surtout pas sous la forme forte que lui

---

1. Voir E. Zemach, *La beauté réelle*, trad. fr. S. Réhault, Rennes, Presses Universitaires de Rennes, 2005 (chap. VII, « Art et Ontologie »).

donne Currie, elles sont complémentaires, elles s'accordent aisément. L'une fournit une réponse à la question de l'identité des œuvres, et à mon sens, constitue la base d'une définition événementielle de l'œuvre d'art. Elle dit ce qui constitue une œuvre d'art. L'autre indique ce qui fait l'identité *dans* une œuvre, c'est-à-dire entre ses différentes instances, actuelles ou possibles. Les œuvres sont identiques si elles ont les mêmes composants : x, S, H, $\mathbf{D}$, τ. Des instances peuvent alors être celles de la *même* œuvre. L'IMH est une théorie de l'identité des instances dans l'œuvre.

L'œuvre comme accomplissement de l'artiste

Dans la formule proposée par Gregory Currie [x, S, H, $\mathbf{D}$, τ], il n'y a finalement aucune place pour ce que nous appelons couramment une œuvre d'art. Passant rue de Rivoli, je peux dire à la personne qui m'accompagne : « On va voir la Joconde ? ». Je peux lancer : « Passe moi le *Choix de Sophie* qui est sur la table, là », me mettre au premier rang pour mieux apprécier un spectacle de danse, au dernier rang pour avoir tout l'écran devant moi et ainsi mieux voir le film, éviter certains emplacements dans la salle parce que le son y est mauvais et que je ne pourrais bien entendre l'œuvre, être satisfait par mon nouvel équipement qui me permet d'entendre des détails d'un CD qui m'échappaient avec l'ancien… La systématisation de ce que je tiens pour le sens commun au sujet des œuvres d'art consiste dans ma définition de l'œuvre comme substance arte-factuelle. Nous tenons les œuvres pour des entités physiques, dont les propriétés sont spatio-temporelles. Ce sont des objets dans le monde, au même titre que des lapins, des tables, des personnes. Qu'elles soient les œuvres d'un artiste n'est certes pas contingent. Un artefact est dans une relation de dépendance causale, bien sûr, mais ontologique également, en termes d'intention, à son auteur et à tout un ensemble de conditions contextuelles et circonstancielles. Pourtant, les œuvres d'art n'en sont pas moins des objets d'une certaine sorte, des substances artefactuelles qui fonctionnent esthétiquement. Ensuite, nous pouvons nous poser le problème de l'attribution à leurs auteurs putatifs, c'est-à-dire de leur authenticité. À la suite de Goodman, nous pouvons penser que l'authenticité est historique dans le cas des œuvres autographiques, comme des tableaux. L'œuvre est celle de Rembrandt s'il en est historiquement l'auteur. Dès lors, un tableau, autographique, est unique. L'authenticité serait notationnelle dans le cas des œuvres allographiques, comme la musique écrite par exemple [1]. Ainsi, la musique écrite, allographique, autorise de multiples instances de l'œuvre. C'est toute cette conception de l'œuvre-objet qui est mise en question par celle de l'œuvre-événement, défendue par Currie.

Il dit s'inspirer de la théorie des événements de Jaegwon Kim, mais on peut se demander s'il ne la transforme pas d'une façon qui justement lui permet de passer d'une conception de l'œuvre-objet à celle de l'œuvre-événement [2]. Pour Kim, chaque événement a une condition d'existence. « L'événement $[x, P, t]$ existe simplement si une substance x a la propriété P au

---

1. Voir N. Goodman, *Langages de l'art*, trad. fr. J. Morizot, Nîmes, J. Chambon, 1990, chap. III.

2. La question de la nature des événements a fait l'objet de nombreux travaux dans l'ontologie analytique. En gros, on peut distinguer la conception de Kim, qui fait d'un événement une propriété d'une substance à un moment donné, de celle de Donald Davidson, pour lequel les événements forment une catégorie ontologique à part, distincte de celle des objets (matériels) : il y a des guerres, des colloques, des coups de foudre, bref des changements. Voir D. Davidson, « L'individuation des événements », « Les événements comme particuliers », dans *Actions et Événements*, trad. fr. P. Engel, Paris, PUF, 1993.

moment t »[1]. Un événement est l'exemplification (la manifestation) par une ou des substances d'une ou de propriétés à un moment (qui peut être un intervalle). Dans la formule proposée par Currie, [x, *S, H,* **D**, τ], il y a des places pour l'artiste, la structure de l'œuvre, le chemin heuristique, la découverte par l'artiste de la structure *via* le chemin heuristique à un moment donné. L'œuvre comme événement-type est l'ensemble de ces éléments. Mais quelle est la substance exemplifiant la ou les propriétés qui font de l'œuvre ce qu'elle est ? Finalement, c'est l'artiste. L'œuvre est ainsi l'exemplification *par l'artiste* de la propriété d'être parvenu à une structure à un moment donné. La conception de l'événement proposée par Kim est compatible avec une conception de l'objet comme substance. Parler d'événement au sujet des œuvres d'art, cela pourrait consister à dire que l'exécution de l'*Oratorio de Noël* de Bach est un événement. Au moment t, l'œuvre-objet, la substance artefactuelle, x, aurait la propriété P d'être exécutée. Elle exemplifierait la propriété « être exécutée ». Au moment où j'écris ces lignes, le roman de Jonathan Littell, *Les Bienveillantes,* est « l'événement de la rentrée littéraire en France ». En d'autres termes, il exemplifie la propriété « faire l'objet de nombreux commentaires dans les média et être beaucoup acheté par le public ». La conception de Currie est toute autre, dans la mesure où c'est l'artiste qui est x dans la formule de l'œuvre-événement, pas un objet.

Dans la conception que défend Currie, l'œuvre est une propriété de l'artiste. C'est un événement-type qui avant tout le concerne *lui*. Si l'événement-type est l'œuvre, c'est à l'artiste que le public doit s'intéresser. Force est de reconnaître que pour de nombreuses œuvres contemporaines, *Titus/Iphigénie*

1. J. Kim, art. cit., p. 35.

de Beuys, lorsque l'artiste, son célèbre chapeau sur la tête, explique l'art à des animaux, les *Trademarks* d'Acconci, morsures que l'artiste s'inflige sur tout le corps, une telle définition convient bien. L'artiste est en effet au centre du dispositif au sein duquel l'œuvre, en quelque sorte, lui arrive. Les performances, *happenings*, dispositifs, interventions, qui foisonnent dans les arts contemporains, mais aussi des improvisations musicales (le célèbre *Köln Concert* de Keith Jarrett), semblent adéquatement caractérisés par la définition événementielle. Des artistes font quelque chose et l'œuvre est la découverte qu'ils font d'une certaine structure à un moment donné.

Mais pouvons-nous pourtant faire des œuvres d'art l'exemplification par un artiste de *ses* propriétés? Une réponse négative semble contredire une pratique artistique devenue courante dans la production artistique actuelle. Nous allons au concert d'un pianiste de jazz en espérant qu'il improvise. Ce sera un événement. Invités à un vernissage, nous entrons dans la galerie. Il n'y a pas d'œuvres. Nous sommes-nous trompés de jour? Non, on attend l'artiste. Il arrive, lit un texte, propose qu'on le suive dans un parc où il se fait prendre en photographie à côté de statues qui sont là depuis plus de deux cents ans. De retour à la galerie, les photographies numériques, tirées sur une imprimante, sont dûment signées par l'artiste. L'œuvre c'est l'événement qui tourne autour de l'artiste. Les œuvres, en termes de la conception commune, c'est-à-dire en tant que produits ou réalisations, semblent finalement secondaires et un simple élément dans un événement. L'œuvre est *l'activité créatrice comme propriété de l'artiste*. Loin de limiter l'application d'une telle définition aux seules œuvres contemporaines des arts de la performance, pourquoi ne pas l'étendre à toute l'histoire de l'art? Dès lors, c'est la définition substantialiste qui est mise en question, car elle aurait raté l'essentiel de ce que sont les œuvres d'art: un *accomplisse-*

ment de l'artiste, découvrant quelque chose. L'œuvre est cet accomplissement, et pas son résultat.

Pourquoi les œuvres d'art ne sont pas des événements[1] *?*

À mon sens, la conception de l'œuvre comme événement-type, aussi attirante soit-elle, n'est pas soutenable jusqu'au bout. Je voudrais maintenant expliquer pourquoi.

Selon la définition historique de l'art, exposée plus haut[2], l'artiste cherche à réaliser quelque chose qui entre dans une tradition et forme une série. Même s'il conteste les principes esthétiques qui la régissent, avec des prétentions révolutionnaires, il n'est pas moins tributaire de la façon dont les œuvres d'art qui l'ont précédé ont été correctement perçues et appréhendées. Dans son activité créatrice comprise comme

---

1. La conception de l'œuvre d'art comme action-type ou événement-type a été discutée et critiquée par M. Budd, «Review of Currie, 1989», *British Journal of Aesthetics*, 30 (4), 1990; N. Wolterstorff, «Review of Currie, 1989», *Journal of Aesthetics and Art Criticism*, 49 (1), 1991; C. Shields, «Critical Notice of Currie, 1989», *Australasian Journal of Philosophy*, 73 (2), 1995; J. Levinson, «Art as Action», dans *The Pleasures of Aesthetics*, Ithaca, Cornell UP, 1996. Dans *Art as Performance* (Oxford, Blackwell, 2004), D. Davies développe sa propre théorie de l'art comme événement ou processus. Elle est en partie inspirée de celle de Currie. Pour Davies, les œuvres d'art ne doivent pas être identifiées aux produits des activités créatrices des artistes, mais à ces activités créatrices elles-mêmes, dont les produits ne sont que des compléments. L'œuvre est ainsi une performance créatrice dans laquelle est indiqué un centre d'appréciation. Je ne peux ici examiner cette impressionnante théorie, ni ce qui la distingue de celle de Currie. Voir R. Pouivet, «Le statut de l'œuvre d'art comme événement chez David Davies», *Philosophiques*, vol. 32, n°1, 2005, avec une réponse de D. Davies (p. 236-243). Une partie des arguments que je propose à l'encontre de Davies dans cet article me semble aussi valoir contre la théorie de Currie, en tant qu'ils partagent tous deux le refus de ce que j'appelle la conception substantialiste de l'art.

2. Voir *supra*, p. 49-55.

événement-type, l'artiste se tournerait alors vers des œuvres
produites dans l'intention d'être perçues comme des œuvres
d'art et appréhendées selon l'une des façons dont les œuvres
d'art antérieures ont été correctement perçues. C'est parce
qu'il y a des œuvres d'art comme produits, substances artefactuelles, que l'activité créatrice peut donc être considérée
comme œuvre et non le contraire. Sa caractérisation comme
activité créatrice dépend de la persistance d'œuvres en tant que
produits ou réalisations. De même que jouer au foot-ball
dépend de l'existence d'objets comme un terrain, un ballon,
des buts, l'activité créatrice, même quand elle ne s'exerce pas
sur des matériaux, est tributaire de l'existence de substances
artefactuelles. Elles déterminent la nature de l'activité créatrice. Dès lors, si on réintègre l'activité créatrice dans un processus plus large, on s'aperçoit que l'existence d'œuvres
comme résultats de l'activité créatrice, pas d'événements-
types mais bien d'*objets,* est indispensable à la caractérisation
de l'activité de l'artiste. L'ordre de priorité ontologique sous-
jacent dans la définition événementielle n'est pas le bon. Le
produit y est donné comme second, en réalité il est premier.
Métaphysiquement, nous n'avons pas d'abord une activité ou
une action créatrice, puis un objet, mais l'objet vient d'abord
parce qu'il est ce qui est visé par l'activité créatrice. La
puissance dépend de l'acte. Ici, la puissance est l'activité de
l'artiste, l'acte est l'œuvre comme réalité. Pour continuer à
emprunter au vocabulaire aristotélicien, j'utiliserai la notion
de cause formelle. Dans la production artistique, elle détermine
la nature de ce que l'artiste cherche à faire. L'acte créateur a
une cause formelle : l'œuvre d'art comme produit, réalisation,
substance. Comme cause formelle, l'œuvre ne peut pas être
une action-type ou un événement-type, puisque l'action est en
vue de l'œuvre, elle est nécessairement un objet. On ne s'en
débarrassera pas si aisément.

Objection 1. On pourrait cependant objecter que le processus artistique qui dans une définition événementielle constitue en partie l'œuvre pourrait viser des œuvres antérieures elles-mêmes en tant qu'événement-types, c'est-à-dire d'autres activités créatrices.

Réponse 1. Je ne crois cependant pas qu'on puisse retenir cet argument. Il nous fait entrer dans une régression à l'infini. L'activité créatrice me semble supposer une cause formelle qui se situe, métaphysiquement, avant l'acte et l'oriente. Elle est à la fois cause formelle et cause finale. Le sculpteur sculpte en vue de la statue. La statue préexiste, *en tant que forme substantielle,* à l'activité créatrice qui vise sa réalisation. La formulation métaphysique de cette thèse peut être relayée par la notion, empirique cette fois, de l'œuvre d'art, en tant qu'artefact, comme modèle de la création. Et si l'on prétend que dans certains arts, il s'agit bien avant tout qu'il y ait un événement (la musique, le théâtre, le ballet, l'installation, la performance, le *happening*), outre qu'il est possible de penser les œuvres comme objets exemplifiant certaines propriétés, à la Kim, et non comme événement-type, à la Currie, le recours à des notations ou à des traces (des enregistrements, par exemple) montrerait encore toute l'importance de l'œuvre comme objet.

Au début du § 43 de la *Critique de la faculté de juger,* Kant dit : « on distinguera l'art de la nature, comme faire (*facere*) est à distinguer d'agir ou d'effectuer en général (*agere*), et les productions et les résultats de l'art, considérés en tant qu'œuvre (*opus*), seront distincts des produits de la nature, considérés en tant qu'effets (*effectus*) ». Kant reprend ici, à sa façon, le clivage aristotélicien entre *poíésis* et *praxis*[1].

---

1. J'ai en revanche des doutes sur le bien-fondé du reste de la conception de l'art dans ce § 43 de la *Critique de la faculté de juger.*

Une définition de l'œuvre d'art comme événement-type (ou comme événement tout court), peut-elle justifier de la mettre en question ? Faire quelque chose et agir sont deux choses distinctes, car il en résulte une œuvre ou un effet[1]. Première-ment, on ne peut pas dire que le produit d'une action est une œuvre. C'est un acte, un changement dans les choses, pas un objet. Deuxièmement, une action intentionnelle dont ne résulte pas ce qui était attendu, ou dont il ne résulte finalement rien, reste une action. « Il a vainement essayé de ranger, mais il y a toujours autant de désordre » ne veut pas dire qu'il n'a pas agi, simplement qu'il n'est pas parvenu à ce qu'il voulait faire. « Il a essayé vainement de faire un poème, de peindre, de faire un morceau de musique, de faire un ballet, mais il n'en a fait aucun » veut dire qu'il n'y a pas d'œuvre, que rien n'a été fait, même si l'on a agi.

Objection 2. Mais l'un des éléments de la formule [$x, S, H,$ D, τ] n'est-il pas D, la découverte par x de S au moyen de z, et un autre élément S ? Le résultat, le produit, serait là, dans cette découverte. Cependant, une découverte, ce n'est rien d'autre… qu'un événement. Pour que la distinction aristotélicienne et kantienne soit respectée, il faudrait tenir compte d'une diffé-rence ontologique radicale entre faire et agir. Or dans le cas des œuvres d'art, elle n'a pas lieu d'être. Regardons la pratique contemporaine de l'art. Souvent, les artistes cherchent moins à faire quelque chose qu'à agir. *Following Piece* de Vito Acconci est présenté de la façon suivante : « Activité, 23 jours, durées variées. New York. Choisir une personne au hasard, dans la rue, n'importe où, chaque jour. La suivre où qu'elle

---

1. Les choses sont en réalité nettement plus compliquées, comme le montre P. Livet dans *Qu'est-ce qu'une action ?*, Paris, Vrin, 2005, p. 51-57 (« *Praxis/poéisis* »).

aille, aussi longtemps et loin qu'elle se déplace. (L'activité s'achève quand elle entre dans un endroit privé – sa maison, son bureau, etc.) » [1].

Réponse 2. Il est possible qu'il existe une tradition artistique dans laquelle l'œuvre ne joue pas le rôle de cause formelle et n'est pas même ce qui est visé par l'activité créatrice. Ceci dit, la documentation photographique ou vidéo qu'il convient toujours d'utiliser en ce cas me fait soupçonner l'importance des objets, même dans de telles pratiques. Qu'on ait photographié l'action d'Acconci n'a vraiment rien de secondaire et superfétatoire. À la rigueur, plutôt que de parler d'œuvres d'art comme événement, on pourrait accepter de dire que *l'activité artistique n'implique pas nécessairement une œuvre*. Cela reviendrait à mettre en question la distinction faite par Kant, mais, disons, à la marge. Si l'on y tient donc, ce serait une façon moins brutale de donner un statut ontologique à une partie de l'activité artistique dans le monde contemporain. On détacherait les notions d'art et d'artiste, d'une part, et celle d'œuvre d'art, d'autre part.

Ce qui cependant me semble fort discutable, c'est qu'ayant admis qu'il puisse y avoir de l'art sans œuvre d'art, on soit en plus tenu de réinterpréter toute l'histoire de l'art en termes d'activité et d'événement. Une pratique aujourd'hui relativement répandue, mais historiquement marginale – les performances et autres *happenings* – doit-elle nous conduire à l'affirmation qu'une peinture comme *La liberté guidant le peuple* de Delacroix est l'exemplification par Delacroix de la propriété de découvrir une structure picturale au moyen d'un certain chemin heuristique, et pas un objet ? On pourrait même rappro-

---

1. J'emprunte cette description à D. Davies, *Art as Performance*, *op. cit.*, p. 209.

cher ce type d'actions artistiques de bien d'autres événements, comme les Pardons dans la Bretagne traditionnelle. La statue d'un saint était (est encore, à vrai dire) transportée et priée. C'est effectivement une action et un événement. On peut aussi penser aux rencontres sportives, aux fêtes entre amis. Dans ces pratiques, ce qui importe n'est pas la production d'une œuvre. Nous sommes aujourd'hui tentés de parler d'art au sujet de pratiques du même ordre, sans religion, sans sport, sans divertissement et vie amicale. Une hirondelle ne fait pourtant pas le printemps.

Objection 3. Les analyses qui précèdent ne reviennent-elles pas alors sur deux conditions qu'elles étaient supposées respecter : la condition de neutralité et celle d'universalité ? [1].

Réponse 3. Je m'interroge sur la façon dont la définition événementielle respecte la condition d'universalité. Parfois, les philosophes élaborent une conception de l'art dont la finalité est en partie de donner un statut philosophique aux œuvres jugées novatrices de leur temps. Clive Bell et Robin G. Collingwood défendaient implicitement le néo-impressionnisme et la poétique moderniste de Joyce, Stein ou Eliot, de même Suzanne Langer pour l'esthétique de la danse contemporaine, George Dickie voulait faire une place à Dada et au ready-made, Arthur Danto pensait indispensable d'avoir une théorie des « indiscernables » artistiques, à cause des fameuses *Boîtes Brillo* de Wharol [2]. Le concept de « l'art comme performance » développé par David Davies [3], dans un livre qui se situe, de façon critique, dans la droite ligne des analyses de

---

1. Voir, *supra*, p. 11-20.

2. Voir N. Carroll, « Identifying Art », *Beyond Aesthetics : Philosophical Essays*, Cambridge, Cambridge UP, 2001.

3. Voir D. Davies, *Art as Performance*, *op. cit.*

Currie, me semble, en partie, avoir pour finalité de donner un statut philosophique aux performances et autres interventions de certains artistes contemporains. N'est-ce pas une bonne chose que le philosophe soit ainsi à l'écoute de l'art de son temps? On peut le penser. Mais se demander si certaines performances sont vraiment des œuvres d'art, ce n'est pas dire que leur valeur cognitive, expressive, religieuse, émotionnelle, est médiocre. Après tout, pour n'être pas des œuvres d'art, elles pourraient avoir des mérites esthétiques, voire plus que bien des œuvres! La condition d'universalité n'implique pas que tout ce qui est dit être de l'art en soit et, pas plus, que tout ce qui n'en est pas soit dépourvu de valeur esthétique.

Objection 4. La défense de la définition substantialiste contre la définition événementielle n'est-elle cependant pas liée à l'acceptation implicite de l'*empirisme esthétique*[1]? C'est la thèse selon laquelle toutes les propriétés esthétiques d'une œuvre sont sensibles, saisies uniquement dans l'expérience que nous faisons des œuvres[2]. Les propriétés qui ne peuvent être saisies dans l'expérience ne sont pas esthétiques. Or, on peut penser que cette thèse est fausse simplement parce que l'identité d'une œuvre d'art n'est pas assurée seulement par l'ensemble de ses propriétés perceptibles. Par exemple, deux images peuvent être parfaitement semblables et pourtant représenter deux choses différentes. La différence est alors nécessairement extérieure à l'expérience que nous en avons. Et cette différence non perceptible est également essentielle pour

1. Sur l'empirisme esthétique, voir G. Currie, *op. cit.*, chap. 2; D. Davies, *op. cit.*, chap. 2.
2. En ce sens, la thèse d'Ingarden, discutée plus haut (p. 74-95), est un exemple d'empirisme esthétique, sous sa forme phénoménologique.

distinguer une œuvre originale et une copie, par exemple [1]. Ou encore, la même série de sons sera-t-elle *la même œuvre* si le compositeur est différent ou dans des contextes différents [2]? Le même geste veut dire quelque chose de différent dans la vie ordinaire et dans une chorégraphie. C'est la connaissance de l'histoire de la danse et d'autres ballets qui peut donner à ce geste une signification et une valeur particulières et, disons, esthétiques [3]. Toutes les propriétés esthétiques des œuvres ne sont pas visibles ou audibles. Pour celles qui le sont, elles n'en sont pas moins corrélatives de propriétés non perceptibles qui nous conduisent à les remarquer. C'est la connaissance de l'histoire de la danse qui nous permet de saisir tel mouvement du danseur comme novateur, allusif, surprenant ou au contraire stéréotypé. L'insistance sur l'objet dans la définition substantialiste n'aurait-elle pas alors comme résultat d'éliminer toutes les propriétés non sensibles et de conduire à l'empirisme esthétique? En revanche, la définition événementielle intègre des propriétés esthétiques non apparentes à titre d'éléments constitutifs des œuvres d'art.

Réponse 4. La définition substantialiste n'implique nullement l'empirisme esthétique. Le fonctionnement esthétique d'un artefact n'est pas réductible à l'appréhension de ses propriétés perceptibles. Par exemple, l'expression comme exemplification métaphorique suppose que l'œuvre d'art exhibe certaines propriétés qui la caractérisent de façon métaphorique. C'est ainsi quand un tableau exprime la tristesse;

---

1. C'est le problème dit du « faux parfait ».

2. Voir J. Levinson, « Qu'est-ce qu'une œuvre musicale ? », dans *L'art, la musique et l'histoire*, trad. fr. J.-P. Cometti et R. Pouivet, Paris, L'éclat, 1998.

3. Voir aussi R. Pouivet, « Une défense de l'ontologie de l'art et de l'ontologie esthétique », dans F. Nef (dir.), *Métaphysique contemporaine*, Paris, Vrin, à paraître.

il l'exemplifie métaphoriquement. Toutefois l'attribution de propriétés esthétiques aux œuvres d'art suppose la connaissance « de faits concernant l'origine des œuvres »[1], pour le dire comme Kendall Walton. Ceux-ci jouent un rôle essentiel. Appréhender un objet en tant qu'œuvre d'art et ses caractéristiques esthétiques, suppose de lui reconnaître des propriétés constitutives non perceptibles. Ainsi, une définition substantialiste de l'œuvre d'art, même si elle majore l'importance de l'objet particulier et concret en quoi l'œuvre consiste, ne l'identifie nullement à un ensemble de propriétés perceptibles. Elle n'entraîne nullement l'empirisme esthétique.

Au terme de ce parcours, je réaffirme que nous n'avons pas de raisons suffisantes d'abandonner la conception commune de l'œuvre objet littéraire, pictural, musical, gestuel, etc., possédant des caractéristiques esthétiques réelles[2] qui en font ce qu'il est. L'œuvre d'art peut être un événement dans l'histoire, le monde de l'art, la vie d'un groupe, la vie d'une personne. Mais pour être un événement, un objet doit exemplifier certaines propriétés à un certain moment. Qu'il s'agisse d'un tableau, d'un roman, d'un ballet, d'un morceau de musique, l'œuvre d'art est alors un objet, parmi d'autres, dans ce monde.

---

1. K. Walton, « Catégories de l'art », trad. fr. C. Hary-Schaeffer, dans G. Genette (dir.), *Esthétique et Poétique*, Paris, Seuil, 1992.

2. Sur cette question de la réalité des propriétés esthétiques, voir R. Pouivet, *Le réalisme esthétique*, Paris, PUF, 2006.

TABLE DES MATIÈRES

TEXTES ET COMMENTAIRES

Imprimerie de la manutention à Mayenne (France) - Avril 2012 - N° 880559S
Dépot légal : 2ᵉ trimestre 2012